Descubra como usar o método comprovado cientificamente para trazer resultados para sua equipe, seus coachees e sua própria vida.

Channa Sanches Vasco

MANUAL DO COACH DE EXCELÊNCIA

5 passos para transformar vidas

Publisher
Henrique José Branco Brazão Farinha
Editora
Cláudia Elissa Rondelli
Revisão
Ariadne Martins
Gabriele Fernandes
Diagramação
Vanúcia Santos (Design Editorial)
Capa
Rubens Lima
Impressão
BMF Gráfica

Copyright © 2019 by Channa Sanches Vasco
Todos os direitos reservados à Editora Évora.
Rua Sergipe, 401 – Cj. 1.310 – Consolação
São Paulo – SP – CEP 01243-906
Telefone: (11) 3562-7814/3562-7815
Site: www.evora.com.br
E-mail: contato@editoraevora.com.br

**DADOS INTERNACIONAIS DE CATALOGAÇÃO NA PUBLICAÇÃO (CIP)
DE ACORDO COM ISBD**

V331m   Vasco, Channa Sanches

Manual do coach de excelência – 5 passos para transformar vidas: Descubra como usar o método comprovado cientificamente para trazer resultados para sua equipe, seus coachees e sua própria vida / Channa Sanches Vasco. - São Paulo : Évora, 2019.
240 p. ; 16cm x 23cm.

Inclui bibliografia e anexo.
ISBN: 978-85-8461-202-4

1. Coach. 2. Resultados. 3. Equipe. I. Título.

CDD 658.407124
CDU 65.012.413

2019-853

Elaborado por Vagner Rodolfo da Silva - CRB-8/9410

Índice para catálogo sistemático:
1. Coach 658.407124
2. Coach 65.012.413

Dedico este livro àqueles que desejam aprofundar os estudos para ajudar pessoas e que de alguma forma já fazem isso de maneira intuitiva ou profissional. Chamo isso de ser luz na vida das pessoas.

APLICAÇÃO
DO LIVRO

Este livro foi escrito para quem deseja aprofundar os estudos – seja estudante de curso de graduação e pós-graduação, seja curioso ou até mesmo coach profissional – a fim de ajudar pessoas e que possivelmente já o faz de maneira intuitiva. Pode ser que você atue em casa com seus filhos, nas organizações com seus liderados, como profissional de recursos humanos ou em igrejas.

Além disso, a obra também dará suporte aos que anseiam impactar positivamente muitas vidas, mas sentem falta de ter em mãos um método seguro e eficaz que garanta a transformação na vida das pessoas, com lastro científico, pautado no profissionalismo e na ética profissional.

AGRADECIMENTOS

A corrida para a excelência não tem
linha de chegada.
David Rye

Agradeço a Deus e a todas as pessoas que Ele colocou em meu caminho para que eu trilhasse uma linda jornada até você.

Sinto-me emocionada ao perceber que tantos são os que tenho a agradecer pela concretização deste manual que você tem em mãos. Todos unidos por uma verdade: fazer que você possa ter um conteúdo que realmente o auxilie a cumprir sua missão de ajudar quem o procure. O objetivo é que possamos ser luz na vida das pessoas. Isso fez a sincronicidade me levar à pessoa certa, no lugar certo, no momento certo.

Fui abençoada com a presença de muitas pessoas. Muitas mesmo. Sei que não há palavras para agradecer a todos de maneira suficiente, mas vou tentar.

Sou imensamente grata aos meus pais tanto pela vida como pela manutenção dela com o grande ensinamento do valor do estudo.

Agradeço ao meu amor, Bruno, peça essencial desta obra, que foi mais do que um esposo. Ele participou ativamente de cada uma das etapas deste livro. Sem palavras para definir a dimensão disso. E também à Izabela, nossa filha, razão por termos saído do mundo corporativo para buscar sermos pessoas melhores e ajudar outros a fazerem o mesmo.

Agradeço à minha irmã Cleide, que tenho certeza de que lá do Céu está me abençoando. Ao meu irmão Nei, que me mostrou o que de fato eu queria para a vida. A Diogo e Victor, sobrinhos-irmãos, e a toda a minha família, que eu amo e me conduziu até aqui.

Agradeço à querida Sofia Bauer, que tanto me inspira, e amorosamente me mostrou o quanto é simples escrever o que vem do coração.

À minha amiga tão amada Tais Targa, que me apresentou ao Henrique Farinha, ser humano incrível que abraçou este sonho e permitiu que você esteja com este manual em mãos.

Ao Juliano Azevedo, que, durante sua formação em coaching conosco, logo me cobrou este livro publicado.

Agradeço também aos meus queridos assistentes: Amanda, Larissa e Diego; além das redatoras Letícia e Val, porque um sonho que se sonha sozinho é apenas um sonho. Um sonho que se sonha junto, torna-se realidade. Somos uma linda família porque vocês fazem parte disso.

Aos meus mentores Andrea, um anjo que sempre me aconselha a trilhar o caminho do ser, e Wilton, que caminha ao meu lado no fazer. Além dos meus colegas queridos e seus respectivos Masterminds. E à minha irmã de alma Gigi, que organiza lindamente nossos eventos ao vivo.

A cada um dos meus mentorados da Sala da Rainha, Mentoria Florescer em Coaching e Programa de Supervisão Excelência em Coaching, porque vocês aplicaram em milhares e milhares de horas de atendimento o passo a passo deste manual e levaram luz para um incontável número de pessoas nos mais diversos segmentos, desde negócios, liderança, finanças, excecutivo a relacionamentos e emagrecimento. Em especial, às alunas que mais se dedicaram em número de pessoas impactadas: as rainhas Ana, Marina e Suzi.

Também agradeço a cada um dos nossos alunos dos programas de educação continuada para coaches, além dos participantes das turmas de formação em coaching de excelência e master coach. Gostaria de citar o nome de vocês individualmente, mas isso seria impossível devido à limitação de espaço que tenho.

A cada um dos meus coachees de coaching individual que confiaram um desafio de suas vidas para que eu fomentasse uma transformação positiva. Foram literalmente milhares de horas de atendimento. Verificar o que melhor funcionou para ajudá-los foi a base da metodologia aqui compartilhada.

Agradeço às amadas trainers e coaches, pioneiras no atendimento em coaching e terapias no Centro Channa Vasco de Desenvolvimento Humano: Ju e Ariadne. Vocês deram o *start* para podermos ajudar as pessoas que nos procuram para atendimento em coaching e terapia.

É claro que não poderia deixar de agradecer a quem fez parte do meu início como coach, e que tanto me inspiram até hoje: Ricardo Melo, Marcelo Felippe e Jairo Mancilha. Além dos mestres, cujos ensinamentos trago não apenas para este livro, mas para minha vida: Amit Goswami, Tal Ben-Shahar, Barbara Fredrickson, T. Harv Eker, Daniel Goleman, Bert Hellinger, Ken O'Donnell. Agradeço ainda a todos que vieram antes e virão depois deles.

Também agradeço a cada um dos meus alunos dos cursos de pós-graduação. Vocês me inspiram a me aprofundar no estudo científico cada vez mais.

Um agradecimento especial a estas pessoas tão amadas que me fazem expandir a consciência, a capacidade de realização e que também cuidam de mim: minha coach Bia e a mais que terapeuta Teresita.

A todo o time da Pessoa Comunicação, em especial à competente Erika Pessoa, peça fundamental para que eu conseguisse mostrar a você como ser luz na vida das pessoas, garantindo a transformação em suas vidas e vivendo bem como coach. E a cada um dos jornalistas que escreveram e publicaram falando sobre por que você deveria ler este livro.

E não poderia faltar um agradecimento especial a você, que me segue nas redes sociais, participa de palestras, aderiu a um dos nossos programas de treinamento presencial ou on-line, ou até mesmo faz parte da nossa lista de transmissão. Esta obra foi feita por e para você.

GRATIDÃO.

PREFÁCIO

Foi com grande alegria que recebi o convite de Channa Sanches Vasco, nossa ex-funcionária, muito querida por todos nós, que marcou sua passagem pela nossa organização como responsável pelo marketing. Pessoa de grande capacidade, inteligência, dignidade, moral e ética.

Fico também muito feliz pelo patamar onde ela chegou, o que não me surpreende, por se tratar de pessoa bastante determinada.

Estou certo de que esta obra será responsável pelo sucesso de um número grande de leitores que trilharão os caminhos determinados pela Channa.

No meu entendimento, a razão de nossa existência consiste em fazer mais felizes aqueles que conosco convivem.

Gostaria de pontuar aqui alguns pontos deste manual que me chamaram a atenção.

"Seja luz na vida das pessoas, pois muitos estão no escuro"

Gostei muito dessa colocação da Channa. Existem pessoas, sim, que ainda estão no escuro, isto é, não conseguiram enxergar a verdade, o que dá ao coach a responsabilidade de ser o farol a guiar um grande número de pessoas.

Amor e profissionalismo

É outro aspecto de grande relevância porque, apesar da técnica ter um valor incomparável, ela não produz os efeitos a que se propõe sem amor. Como disse Santo Agostinho, "a medida do amor é amar sem medir".

A responsabilidade que o coach tem é a de transformar a vida das pessoas, e o mais importante é que, ao final, são elas próprias que estarão se transformando.

O coach é mais do que uma profissão ou carreira, é uma missão

E bem sabemos que essa missão tem que nos acompanhar vida afora, pois viver sem um objetivo é passar pela vida em vão.

A pratica é a mãe da excelência

Tudo deve ser feito considerando que o mais valioso é a prática, a experiência aperfeiçoada a cada dia. Logo, a melhor forma de aprender é praticando. Pontos importantíssimos são: saber escutar e saber calar.

A Channa lembra bem o conselho de São Francisco de Assis: "Comece fazendo o necessário, depois o que é possível e de repente estará fazendo o impossível".

Ou, nas palavras de Eleanora Roosevelt:

"O futuro pertence àqueles que acreditam na beleza dos seus sonhos."

E mais:

"O que vale na vida não é o ponto de partida, mas o de chegada."

De forma brilhante, o que lhe é bem peculiar, Channa mostra que "caminhando e semeando, ao final terás o que colher. Fazer certo até dar certo". Além disso, revela que ser um bom coach depende apenas de cada um que se propõe a sê-lo.

Muito sucesso na leitura desta obra e na sua carreira, pois você merece!

Jairo Azevedo

Filantropo, fundador do Grupo Seculus

SUMÁRIO

Apresentação 17

Introdução 21

Guia de estudos 27

1. História do coaching 35
   O que não é coaching 40
   Glossário de coaching 42
   Pressupostos do Processo de Coaching de Excelência 43

2. As quatro competências essenciais para alcançar excelência
   em coaching 53
   Estabelecer os fundamentos do coaching 53
   Relacionamento interpessoal 54
   Comunicação 55
   Mostrar e facilitar os aprendizados e resultados que o coachee teve
      nesse processo 56

3. Como assim, atender em cinco sessões? 65

4. Conhecendo o Método Excelência em Coaching 73
   Efeito Frankenstein 74

5. Tripé do Método Excelência em Coaching 81
   Rapport de alma 81
   Perguntas poderosas 84
   Estrutura lógica de atendimento 88

6. Protocolo de atendimento 95

7. Passo a passo de uma sessão de coaching de excelência 103
   Passo 1 – Small talking 104
   Passo 2 – Follow-up 104
   Passo 3 – Educação 105
   Passo 4 – Desenvolvimento do tema da sessão 105
   Passo 5 – Redefinição de tarefas 106

Passo 6 – Ecologia...106
Passo 7 – Finalização..107

8. Entrevista de coaching...115
Coachable...117
Como saber se o seu coachee é coachable......................................118
Como fazer uma entrevista de coaching...119

9. Antes de começar os atendimentos..129
Acordos de coaching...129
Acordos formais e acordos informais..130

10. Etapa 1 • Autoconhecimento..139
Técnicas sugeridas para a Etapa 1..141

11. Etapa 2 • Crenças e sabotadores...155
O papel das crenças poderosas na vida do coachee....................157
Sequência de perguntas para identificar crenças.........................157
Técnicas sugeridas para a Etapa 2..159

12. Etapa 3 • Definição da meta...175
O que fazer quando o seu coachee não tem a meta estabelecida.....177
Técnicas sugeridas para a Etapa 3..177

13. Etapa 4 • Mão na massa..189
Técnicas sugeridas para a Etapa 4..191

14. Etapa 5 • O voo da águia..201
Técnicas sugeridas para a Etapa 5..202
Avaliação do processo de coaching..209

15. O futuro do coaching no Brasil e no mundo...........................215

Próximos passos...221

Referências bibliográficas...223

Anexo A - Ficha de cadastro de coachee......................................225

Anexo B - Controle de sessão de coaching...................................227

Anexo C - Avaliação do Processo de Coaching............................229

Anexo D - Código de Ética da International Coach Federation (ICF) 231

APRESENTAÇÃO

Para você que chegou até aqui e tem o *Manual do coach de excelência* nas mãos, eu quero te alertar: este não é simplesmente um livro sobre coaching, mas o resultado de uma vida com propósito e também uma bússola que leva o leitor a encontrar, de forma assertiva, seu objetivo por meio de rotas validadas cientificamente.

Sim, dois pilares importantes estão presentes aqui – vida com propósito + rotas validadas cientificamente –, e você vai compreender como ambos se conectam a ponto de gerar este conteúdo precioso, exclusivo e de grande valia para sua transformação. Conteúdo escrito por uma mulher realmente diferenciada, e direi por que.

Conheci Channa Sanches Vasco há mais de vinte anos. Na época, ainda a via como uma estudante de relações públicas desbravando os desafios acadêmicos com excelência. Channa nunca quis ser mais uma em seu meio, mas sempre aquela que se diferenciava por sua qualidade técnica e conteúdo. Faz parte da sua essência marcar as pessoas que encontra, ser luz para elas. E foi assim que, ainda naquela época, ela me marcou.

Perdemos o contato por algum tempo, mas, de longe, eu acompanhava sua jornada. Sua carreira acelerou como os carros de Fórmula 1, e em pouco tempo a jovem estudante se transformou numa respeitada executiva em um dos maiores grupos econômicos de Minas Gerais. Gerenciou centenas de colaboradores e geriu milhões de reais anualmente sempre com empenho e qualidade nas entregas. Nunca aceitou menos. Para se sentir realmente realizada, precisava ter certeza de que transbordava competência na expectativa de seus pares, colaboradores e líderes.

Mas havia algo de diferente no coração de Channa Sanches Vasco. Um chamado que a fez abandonar a carreira tradicional e mergulhar em um mundo ainda pouco explorado no Brasil naquela época: o coaching.

Channa se entregou totalmente aos estudos sobre o coaching e a essência de valorização da vida que permeia o negócio. Atuar de forma a valorizar esse mercado apresentando sua real importância passou a ser sua missão: conquistou diversas certificações, debruçou-se em livros, vivenciou jornadas de mentoria com grandes nomes do mercado nacional e internacional e, por fim, tornou-se uma fomentadora de pessoas por meio de técnicas de valorização profissional nas quais investiu exaustivamente.

A cada descoberta, via descortinar novos aprendizados. Da linha mestra do coaching – a pergunta –, aprendeu a mergulhar cada vez mais fundo em conceitos que a levavam a novos níveis de conhecimento. Ao atender clientes, aprimorou protocolos, métodos e formas. Todos com resultados validados. Assim, baseando-se em conhecimento, observações, análises e experimentações, sistematizou processos que revela agora neste livro para você.

Channa tem deixado por onde passa um lastro de competência, seja em vídeos, encontros de mentoria, palestras, seja em atendimentos individuais. Em qualquer canto do país (e do mundo!), quem tem contato com Channa Sanches Vasco possui uma experiência positiva para relatar. Uma referência saudável do coaching no Brasil, determinada a ensinar novos padrões de comportamento que determinam uma nova dinâmica para a área, muitas vezes banalizada.

É nesse ponto que a vida se encarregou de promover meu reencontro com Channa Sanches Vasco. Ora como relações-públicas, ora como coachee, compreendi como essa mulher corajosa e confiante de sua missão assumiu a responsabilidade de mostrar ao mercado o valor do coaching e de trazer à sociedade a realidade do método que anda na contramão de fórmulas mágicas e soluções rápidas.

O olhar ímpar de Channa Sanches Vasco é o que considero o pilar das rotas validadas cientificamente. Sim! Porque ela buscou conhecimento nas fontes dos maiores sábios. Se dedicou a milhares de horas de capacitação. Atuou por mais de 8 mil horas de atendimento para compreender melhor esse mercado que se tornou gigante nos últimos anos, mas que também trouxe com ele as amarguras da incompreensão ou do uso inadequado do conceito de coaching.

Neste manual, ela entrega a você técnicas eficazes e possíveis de serem empregadas por todo aquele que se propuser a fazê-lo com seriedade e compromisso.

É um livro para pessoas que, como ela, querem mudar o mundo e ao mesmo tempo querem ter a convicção de estar utilizando metodologias baseadas em parâmetros técnico-científicos desenhados com rigor, procedimentos validados e aplicáveis que valorizem a estrutura, o processo e gerem resultados efetivos e mensuráveis.

É assim que os pilares vida com propósito e rotas validadas cientificamente se encontram neste livro. É assim que a paixão de Channa Sanches Vasco por sua missão de vida a fez buscar incansavelmente uma forma de trazer credibilidade para a ciência que ela, todos os dias, vê transformar efetivamente histórias de pessoas. É assim que essa mente brilhante, inquieta e apaixonada imprime luz na vida dos que se conectam a ela. Desenvolvimento com excelência em resultados.

Este precioso conteúdo inédito que você tem agora em mãos para ser instrumento de transformação!

Minhas dicas:

1 - Preste atenção nas quatro competências essenciais para ter excelência como coach;

2 - Familiarize-se com as perguntas que ajudam você a levar seu cliente a ter mais clareza de pensamentos e se autodesenvolver;

3 - Aprofunde-se no passo a passo de como atender pessoas com resultados;

4 - Faça as revisões sugeridas ao final de cada capítulo para consolidar seu conhecimento.

Por fim, o mais importante: use todo o potencial desta publicação! Desfrute! Mude! Que você colha frutos preciosos para uma jornada transformadora em sua vida!

COM UM FORTE ABRAÇO,

Erika Pessôa

Relações-públicas, CEO & Founder da Pessoa. Agência de Relações Públicas e Coachee

INTRODUÇÃO

Seja luz na vida das pessoas

Acredito que coaching seja mais do que uma profissão, mais do que uma carreira... Ser coach é atender a um chamado da missão de ser luz na vida dos outros.

Muitas pessoas estão no escuro, sem recurso ou acesso, perdidas sem saber como acabar com a insatisfação em diversas áreas de sua vida. Basta abrir algum jornal, site ou ligar a televisão ou o rádio para receber uma enxurrada de dados que comprovam que as pessoas estão vivendo desafios em setores variados: econômico, de carreira, de saúde e de relacionamento.

De acordo com o estudo "Tendências globais de capital humano 2015", realizado pela Deloitte, 73% das pessoas estão insatisfeitas com o trabalho, e 54% dos brasileiros possuem sua renda comprometida com dívidas. Um a cada três casamentos acaba em divórcio no Brasil. Quase um quinto da população brasileira está obesa. O Brasil é o país com o maior índice de mortalidade empresarial do mundo e também é líder mundial no que se refere a sofrer de ansiedade, de acordo com a Organização Mundial de Saúde.

Apesar dados bibliográficos, é acalentador saber que você, como coach, pode auxiliar as pessoas a encontrarem uma saída e conquistarem uma vida com mais sucesso e felicidade. Isto é ser luz na vida de alguém: orientar o outro no acesso de seus próprios recursos, conhecimentos, de sua força e energia de realização para que ele tenha uma vida mais plena e feliz. Ser luz não se trata de ter uma posição de destaque, mas de você iluminar e ajudar as pessoas a despertarem sua luz interna.

No entanto, para fomentar uma verdadeira transformação na vida das pessoas e ter sucesso como coach, é necessário que você associe dois principais conhecimentos: amor e profissionalismo. O primeiro é a base de tudo. Por meio dele você vai cumprir sua missão de vida com leveza e fluidez. O segundo é o meio pelo qual você vai conquistar sucesso na sua carreira. Afinal, a pessoa, quando o procura, acredita que você esteja pronto para atendê-la de forma profissional, ética e humana. Daí a importância desses dois pilares, amor e profissionalismo, em equilíbrio.

Neste livro você vai descobrir como associá-los para alcançar sucesso na sua carreira, tendo plenas condições de aprofundar seus conhecimentos como coach, a fim de transformar a vida das pessoas e ser bem remunerado por isso.

Ou ainda: se você for um líder ou profissional de recursos humanos, poderá ajudar seus colaboradores a alcançarem metas e resultados nas empresas. Se você for mãe ou pai, vai descobrir como se conectar com seu filho, ajudá-lo a ter metas e objetivos e a cumpri-los. São inúmeros os benefícios de você ter em mãos um passo a passo para de fato ajudar as pessoas.

A fundamentação científica é o que valida as técnicas e ferramentas aqui apresentadas. Essa é a principal diferença entre autoajuda e autoaperfeiçoamento humano com lastro científico. Todos os dias os veículos de comunicação (televisão, rádio, jornal e sites) me procuram para dar entrevista exatamente por causa disso. Mas qual é a diferença entre os dois?

Autoajuda é quando algo funciona para determinada pessoa e ela resolve compartilhar com seus amigos e familiares. Pode até divulgar em larga escala por meio de livros, filmes e vídeos o que funcionou com ela, mas aquilo não foi validado por um número significativo de pessoas de forma que, se replicado, terá um padrão de resultado.

Autoaperfeiçoamento humano com lastro científico é construído por formas, técnicas, ferramentas e meios para que uma pessoa alcance um resultado em qualquer área da vida, utilizando fundamentação científica, ou seja, estudos e pesquisas que atestam o funcionamento do método apresentado.

Por isso, todo o conteúdo que compartilho neste livro – tanto o Protocolo de Atendimento para Coaches como o Método Excelência em Coaching – foi testado e validado em milhares de horas de atendimento por mim e minha equipe pedagógica, sem contar as horas de atendimento com meus alunos de supervisão e mentoria para coaches. Além disso, existem áreas do conhecimento, como neurociência, psicologia positiva, física quântica, entre outras, que validam a cientificidade das práticas e dos exercícios aqui sugeridos.

O objetivo desta obra é que você compreenda como fomentar uma verdadeira transformação na vida das pessoas, independentemente de sua classe social, sexo, orientação sexual, localidade, cargo ou função. Isto é, tudo funciona na prática, basta seguir o passo a passo indicado.

Dentro dos nossos programas de acompanhamento mais avançados, temos a máxima de que a constância é a mãe do sucesso; e a prática, a da excelência. Da mesma forma que uma criança aprende a andar para depois correr, você está tomando o primeiro contato com a metodologia. Então pratique imediatamente o conteúdo aqui compartilhado, porque quanto mais você praticar, mais vai ajudar as pessoas. Esse é o segredo para alcançar excelência em coaching.

Espero que você aplique o processo de estudo APRENDER - SENTIR - PRATICAR, que em outras palavras significa: aprenda, estude, aprofunde, sinta no seu coração, viva a experiência, use os exercícios com você mesmo e pratique com o máximo de pessoas possível.

E tenha certeza: quanto mais você praticar, mais estará ajudando as pessoas e cumprindo sua missão de ser luz na vida delas.

Gratidão por tudo, com meu carinho de sempre.

RESUMO

- Coaching é mais do que uma profissão, é mais do que uma carreira... Ser coach é atender a um chamado da missão de ser luz na vida das pessoas.

- Para cumprir esse papel, é importante fazer seu trabalho com amor e profissionalismo. Neste livro você vai descobrir como associar esses dois pilares.

- A fundamentação científica é o que valida as técnicas e ferramentas aqui apresentadas. Essa é a principal diferença entre autoajuda e autoaperfeiçoamento humano com lastro científico.

- O objetivo deste livro é que você compreenda como fomentar uma verdadeira transformação na vida das pessoas.

- Tudo funciona na prática, basta seguir o passo a passo indicado.

QUESTÕES PARA REVISÃO

1. O que é ser luz na vida das pessoas?
2. Quais os dois principais recursos para fomentar uma verdadeira transformação na vida das pessoas?
3. Qual é a principal diferença entre autoajuda e autoaperfeiçoamento humano com lastro científico?
4. Como funciona o processo de estudo APRENDER - SENTIR - PRATICAR?

CASO PARA VOCÊ SE INSPIRAR

Leia o testemunho da Lilian, participante da comunidade de alunos:

"Bom dia!

Vamos lá: vou relatar hoje todos os meus aprendizados com a aplicação do método (resumidos porque foram e estão sendo muitos). Mas antes quero agradecer à Channa e a todo nosso grupo da supervisão. Se hoje estou atendendo, é por toda força e ensinamento de vocês. Aproveito para agradecer à Juliana, que me falou da supervisão e hoje é uma inspiração para mim.

Atualmente, tenho cinco processos em andamento e um concluído, todos com a aplicação do método.

Coachee 1- processo concluído na etapa 1 de autoconhecimento.

Coachee 2 – estamos na 4ª etapa e aqui vou detalhar o primeiro aprendizado:

Etapa 1 de autoconhecimento: Nome da jornada – Segurança. O objetivo dela é ter segurança para passar em uma prova de concurso, pois está estudando há cinco anos. Confesso que senti medo e imaginava se realmente conseguiria gerar a transformação necessária. Utilizei as ferramentas seguindo o passo a passo e foi sensacional."

> **PARA PARTICIPAR DA COMUNIDADE EXCELÊNCIA EM COACHING E TAMBÉM RELATAR SUAS EXPERIÊNCIAS COM O USO DO MÉTODO E DO MATERIAL COMPLEMENTAR, ACESSE:**
> **HTTP://BIT.LY/COMUNIDADEALUNOS.**

GUIA DE
ESTUDOS

*Comece fazendo o que é necessário, depois
o que é possível e, de repente, estará
fazendo o impossível.*
São Francisco de Assis

Este livro foi escrito para que você se aprofunde no universo de coaching e tenha em mãos um passo a passo de como atender as pessoas, seja você estudante de curso de graduação ou pós-graduação, profissional de recursos humanos, líder, pai, profissional de saúde, interessado em começar um processo de coaching, seja alguém que deseja compreender como ajudar as pessoas de uma maneira validada. Serve também para quem deseja se tornar coach profissional, pois apresenta toda a metodologia pertinente. No entanto, para se formar, receber as certificações necessárias e passar a atuar na carreira, você pode se candidatar a uma das vagas da nossa Formação em Especialista em Coaching de Excelência, participar de nossos programas de Supervisão Excelência em Coaching, seguir no Programa de Educação Continuada e concluir os estudos como Master Coach.

Por fim, a obra é direcionada a coaches experientes que buscam uma metodologia validada em milhares de horas de atendimento com pessoas tanto no Brasil como no exterior, com lastro científico, mesclando o que há de mais atual na área de desenvolvimento humano.

O *Manual do coach de excelência* é dividido em duas partes. Uma mais conceitual e outra mais prática. Os capítulos 3 ao 8 fornecem uma visão geral do coaching e a fundamentação do Método Excelência em Coaching, base teórica deste livro. É essencial a compreensão dos conceitos e das ideias dessa primeira parte para poder aplicar de forma consistente o passo a passo revelado nos capítulos seguintes.

Nos capítulos 9 ao 15, é apresentado o passo a passo para você conduzir qualquer processo de coaching, atendendo com segurança e garantindo a transformação na vida das pessoas.

Nos capítulos finais, resumi o que você pode esperar para o futuro do coaching no Brasil e no mundo a partir de percepções compiladas de profissionais das mais diversas áreas de atuação que participaram do primeiro encontro nacional de coaches que tive a oportunidade de organizar. Além disso, você vai compreender como dar continuidade a seus estudos.

Ao final de cada capítulo há um box. Nele, você encontrará os principais pontos trabalhados naquela seção a fim de facilitar uma releitura ou para que possa relembrar temas relevantes antes dos atendimentos. Além disso, há questões de revisão de aprendizagem e também relatos de alunos de nossa comunidade, para que você possa se inspirar a colocar os ensinamentos deste livro em prática e ter seus próprios benefícios.

Você pode esclarecer qualquer dúvida, enviar elogios e sugestões, relatar sua experiência ou até mesmo se candidatar a uma de nossas vagas dos programas mais avançados, como Formação em Coaching, Supervisão, Mentoria e Programa de Educação Continuada com o nosso Time Acadêmico:

- E-mail: contato@channavasco.com.br

- WhatsApp: (31) 9-9525-5874

Ou, ainda, pode entrar para a comunidade exclusiva de Excelência em Coaching e também relatar suas experiências com o uso do método e receber material complementar. Acesse: http://bit.ly/ComunidadeAlunos.

Boa leitura!

RESUMO

- Ao final de cada capítulo há um box com os principais pontos trabalhados naquela seção a fim de facilitar uma releitura ou para relembrar temas relevantes antes dos atendimentos. Há também questões de revisão de aprendizagem e relatos de alunos de nossa comunidade

- Você pode tirar dúvidas, enviar elogios e sugestões ou se candidatar para os programas de acompanhamento mais avançado ou nossas formações através do WhatsApp, e-mail ou grupo fechado no Facebook.

QUESTÕES PARA REVISÃO

1. Qual é a intenção deste manual?
2. Como o manual é dividido?
3. Onde você pode obter mais informações sobre o conteúdo deste manual?

CASO PARA VOCÊ SE INSPIRAR

Leia o comentário da Ariadne, participante da comunidade de alunos:

"Venho aqui descrever a alegria de estar usando o método. Desculpem pelo relato longo, mas precisava compartilhar com vocês.

Estou com três coachees de perfis bem diferentes. Uma jovem de 20 anos, um adolescente de 13 anos e uma mulher de 40 anos com depressão e pânico que está sendo assistida por psicólogo e psiquiatra.

O processo da jovem foi lindo, ela conseguiu visualizar sua vida profissional com as mudanças almejadas.

Já com o adolescente foi superdifícil segurar o choro, mas me mantive firme. Quando ele visualizou o que queria se tornar, chorou muito de alegria, foi lindo.

A mulher ficou impressionada, e eu encantada. Com todos eles usei minha habilidade com linguagem ericksoniana, mas com ela foi profundo, pois relatou que havia muito tempo não se sentia tão em paz e que seu coração havia parado de bater tão forte, e essa sensação, para ela, era libertadora (mais uma vez tive que conter o choro).

Com os três já fiz A Grande Jornada, foi incrível e semana que vem parto para o Assessment.

Dois deles já fizeram e estou analisando para dar a devolutiva. Estou muito feliz em ter perfis tão diferentes, está sendo desafiador.

Gratidão a todos. ☺☺☺

— ☺ sentindo-se confiante."

**PARA PARTICIPAR DA COMUNIDADE EXCELÊNCIA EM COACHING E TAMBÉM RELATAR SUAS EXPERIÊNCIAS COM O USO DO MÉTODO E DO MATERIAL COMPLEMENTAR, ACESSE:
HTTP://BIT.LY/COMUNIDADEALUNOS.**

O futuro pertence àqueles que acreditam na beleza de seus sonhos.

Eleanor Roosevelt

1. HISTÓRIA DO COACHING

A palavra "coach" foi usada pela primeira vez na Idade Média para se referir aos cocheiros que conduziam as carruagens. Deixando de lado a definição rigorosa de "coaching", percebemos que muitos foram os coaches da história da humanidade – de pais, professores, filósofos, artistas, sacerdotes a políticos –, apenas não tinham esse nome. Alexandre, o Grande, da Macedônia, pode ser considerado coachee de Aristóteles, um dos homens mais sábios de sua época (343 a.C).

Por volta de 1830, o termo começou a ser utilizado na Universidade de Oxford, na Inglaterra. A palavra era atribuída ao tutor, um professor que auxiliava estudantes na preparação para os exames.

Já no século XX, "coach" se referia ao treinador esportivo, aquele que trabalha com o aperfeiçoamento do atleta. A primeira associação de treinadores foi a *American Football Coaching Association*, fundada em 1922.

A partir dos anos 1960, principalmente nos Estados Unidos, o coaching também passou a ser aplicado em empresas para aprimorar o desenvolvimento dos profissionais.

Nos últimos trinta anos o processo de coaching foi modernizado e ampliado tanto no formato como no conteúdo, obtendo resultados incríveis na área de desenvolvimento humano profissional e pessoal.

Todavia, sendo o coaching uma junção de diversas áreas do conhecimento, ele é influenciado por vários filósofos, cientistas e pesquisadores. Os mais influentes foram:

- Sócrates;

- Émile Coué;

- Napoleon Hill;

- Dale Carnegie;

- Timothy Gallwey;

- John Whitmore;

- Tony Robbins; *entre outros.*

Atualmente, o coaching tem também assimilado conceitos e técnicas de outras áreas do desenvolvimento humano, como:

- Física quântica;

- Psicologia positiva;

- Neurociência aplicada;

- Programação neurolinguística;

- Hipnose; *entre outras.*

Conforme o site da International Coach Federation (ICF), coaching é uma relação permanentemente focada no coachee e em sua tomada de decisões no sentido de realização de seus sonhos, metas ou desejos. Esse processo utiliza um método de inquérito e de descoberta pessoal, a fim de construir no coachee um nível de consciência e de responsabilidade e proporcionar-lhe uma estrutura de apoio e de feedback. O processo de coaching ajuda o coachee a definir e atingir os seus objetivos pessoais e profissionais de forma mais rápida e com uma facilidade que seria impossível de outra forma.

Segundo o site da Wikipédia, coaching é definido como um processo com início, meio e fim, de acordo com a meta buscada pelo coachee, em que o coach o apoia na busca da realização de metas de curto, médio e longo prazo através da identificação e do uso das próprias competências desenvolvidas, como também do reconhecimento e da superação de suas fragilidades.

Em outras palavras, o processo de coaching é pragmático, com foco no futuro e baseado em uma parceria entre coach (profissional) e coachee (cliente), em que o primeiro vai utilizar de rapport de alma, perguntas poderosas, técnicas e ferramentas para trazer à tona os recursos necessários para que seu coachee alcance seus objetivos, identificando alternativas, reconhecendo recursos e desenvolvendo habilidades.

Numa relação de coaching, o coachee é o protagonista. Não é o coach que estabelece os objetivos que o coachee deseja atingir, tampouco ensina ou define os padrões do que está certo ou errado. Não é o coach quem delimita o que é bom, de baixo ou alto nível de desempenho do coachee. Ao contrário, por meio do método aqui apresentado, o coachee vai tomar ciência de todos os recursos para alcançar seus objetivos sob medida para seu momento de vida.

O papel do coach é facilitar o processo de tomada de consciência, autopercepção, obtenção de resultado e performance, em termos pessoais e em grupo, tanto on-line quanto presencialmente.

Alguns dos benefícios do processo de coaching, seja para pessoas, seja para empresas:

- Autoconhecimento e autopercepção;
- Superação de medos e desafios;
- Clareza e motivação;
- Melhor desempenho e produtividade de pessoas e times;
- Formação e desenvolvimento do pessoal;
- Melhoria e desenvolvimento de relacionamentos;
- Mais qualidade de vida;
- Mais tempo para líderes e gerentes;
- Ideias mais criativas e capacidade de realização;
- Otimização das pessoas, habilidades, oportunidades e recursos;
- Foco no positivo e no que funciona;
- Flexibilidade e adaptabilidade às mudanças;
- Desenvolvimento de competências, habilidades e atitudes;
- Entrada em movimento;

Manual do coach de excelência

- Conhecimento do estado atual e desejado;
- Conhecimento de missão, valores, alinhamento com suas ações;
- Energia e vitalidade.

Para o coachee ter resultados, é importante que tenha plenas condições emocionais, neuroquímicas e psíquicas. O coaching não é para todos nem todos são para o coaching.

Uma pessoa deprimida, por exemplo, deve, antes de iniciar um processo de coaching, procurar um psiquiatra para ter o devido diagnóstico e tratamento. Iremos falar mais sobre isso adiante.

Dar todo o suporte que seu coachee precisa para que ele mesmo possa atingir seus objetivos, isso é o que o coach faz. Ao longo dos anos, surgiram diversas variações e metodologias de coaching, cada uma seguindo uma linha teórica. O Método Excelência em Coaching, apresentado nesta obra, foi desenvolvido unindo minha experiência com mais de 8 mil horas de atendimento, orientando coaches do Brasil e do exterior, aos estudos sobre o que existe de mais moderno na área de desenvolvimento humano, incluindo programação neurolinguística (PNL), neurociência, física quântica, psicologia positiva, consciência sistêmica e hipnose ericksoniana, entre outros.

Junta-se a isso minha experiência de executiva, por meio da qual desenvolvi a habilidade de entregar algo de extrema qualidade, economizando os recursos de tempo, energia e dinheiro. Esse mindset foi o que me permitiu, aos 25 anos, ter a oportunidade de liderar um time com cerca de 1500 colaboradores e um orçamento multimilionário.

Como coach, percebi que quando uma pessoa nos procura, ela acredita que tenhamos plenas condições de ajudá-la. Também observei que todo profissional que lida com vidas – seja médico, enfermeiro, psicólogo, seja qualquer outro profissional sério – tem um protocolo, isto é, um conjunto de ações, normas e regras para conduzir o paciente/coachee ao resultado esperado.

Com isso, desenvolvi um protocolo para você ter em mãos, apresentando as cinco etapas que, de fato, ajudam as pessoas, indicando o que precisa ser feito e em qual momento. Isso porque, atuando com eficiência e eficácia, fica muito mais fácil atender com segurança e garantir a transformação na vida das pessoas.

Assim surgiu o Protocolo de Atendimento para Coaches, que orienta o coach em seus processos, seja individual, seja em grupo, on-line ou presen-

38

cial. Esse protocolo é a sequência do que você precisa fazer numa sessão de coaching e também em cada uma das cinco etapas do processo de coaching de excelência. Ele é a base da metodologia de atendimento que compartilhamos aqui com você.

Tanto o Método Excelência em Coaching como o Protocolo de Atendimento para Coaches foram aplicados e tiveram sua eficácia comprovada em atendimentos de:

- Life Coaching (de carreira, emagrecimento, financeiro etc.);
- Business Coaching (team, leader etc.);
- Executive Coaching.

Eles fornecem a estrutura lógica na qual você pode acrescentar seu conteúdo e sua experiência para atender com nível de excelência em coaching.

Por isso, o Método Excelência em Coaching e o Protocolo de Atendimento em Coaching representam o que há de mais avançado nas metodologias contemporâneas, reunindo diversas áreas de desenvolvimento humano numa estrutura simples, prática e altamente eficaz.

Mas, atenção, tudo que parece simples, para chegar a esse estágio, exige esforço e dedicação. Não faça como eu mesma já fiz no início, ao acreditar que apenas conceitos complexos – e muitas vezes inaplicáveis – fariam eu ter sucesso na carreira. Por imaturidade e até inabilidade, antes eu tentava explicar assuntos complexos com palavras difíceis. Hoje, ao contrário, busco traduzir tudo para uma linguagem clara e prática para que você possa usar imediatamente. Afinal, para você ser luz na vida das pessoas, é importante que pratique e compreenda, numa linguagem clara e acessível, conceitos complexos. Lembre-se sempre de que a constância é a mãe do sucesso; e a prática, a da excelência.

O QUE NÃO É COACHING

O propósito deste tópico é explicar as principais diferenças das áreas de conhecimento a seguir. Todas são úteis e funcionam. Não se trata aqui de falar o que é melhor ou pior, mas sim diferenciar a abrangência de cada um.

▸ Consultoria

O consultor, por meio de sua experiência, vai orientar e, em alguns casos, executar ações de uma área específica. Por exemplo: finanças, medicina, jurídica etc. A diferença básica entre o coach e o consultor é que, ao contrário deste, aquele não dá respostas nem soluções. Ele conduz o coachee a encontrar as próprias respostas, recursos e meios para realizar seus objetivos.

▸ Terapia

Seu grande foco é olhar para questões do passado com mais maturidade emocional. A diferença entre a terapia e o processo de coaching está no fato de que este volta-se para o futuro, visando àquilo que o coachee deseja, apesar do que possa ter ocorrido anteriormente. Além disso, o coaching tem um objetivo bem específico e, por consequência, menor duração.

▸ Mentoria

Trata-se de um processo em que um profissional mais experiente em uma determinada área (mentor) orienta alguém que deseja obter resultados parecidos com os seus. A distinção aqui, assim como ocorre na consultoria, é que o coach não tem por objetivo dar respostas nem emitir seu próprio modelo de fazer as coisas funcionarem.

▸ Aconselhamento ou pitaco

É o que fazemos quando estamos com amigos. De forma divergente, o coach utiliza de recursos e técnicas profissionais para contribuir com a realização dos objetivos do coachee.

▸ Treinamento

O objetivo aqui é a transferência de um conhecimento, uma habilidade ou uma atitude. Ao final, terá sido partilhado um conteúdo programático preexistente. No processo de coaching, o desenvolvimento dos conhecimentos, das habilidades e das atitudes é feito por meio de tarefas personalizadas de acordo com os objetivos definidos no processo.

Duas das principais perguntas que recebo via redes sociais, e-mail ou até mesmo vindas de alunos que nos procuram no início de suas jornadas no coaching são as seguintes:

1. "TEM MAIS SUCESSO COMO COACH QUEM É PSICÓLOGO?"

Nem sempre. A resposta pode parecer estranha num primeiro momento, mas você vai ver toda a lógica que há nela. É claro que um psicólogo pode ser coach, mas ele vai ter grandes desafios se tentar fazer uma mistura de coaching e psicologia. Isso porque o foco dessas duas áreas é distinto. Enquanto o coaching é pragmático e possui data para terminar, o trabalho da terapia envolve questões subjetivas que muitas vezes têm várias origens e precisam ser cuidadas lentamente. Dessa forma, não há como prever uma data exata de término. Além disso, o coaching olha para o futuro, e o ponto-chave é: como conquistar o que se deseja, apesar de ter acontecido isso ou aquilo antes? Questionamento que nem sempre é possível no processo terapêutico.

Por isso, caso seja psicólogo (ou qualquer outro profissional da área), é importante usar os passos descritos neste livro, de modo que não sofra interferências que possam abrir "caixinhas desnecessárias" ou que não sejam objeto do trabalho do coach, e sim de outros especialistas.

2. "SOU ESPECIALISTA NUMA DETERMINADA ÁREA, O MEU COACHEE TEM UM DESAFIO EXATAMENTE NESSA ESFERA DE CONHECIMENTO E ME PERGUNTOU O QUE EU FARIA NO LUGAR DELE. SE EU RESPONDESSE, ESTARIA RUINDO COM O PROCESSO DE COACHING?"

O coach não dá respostas, já falamos sobre isso e vamos retomar. No entanto, é também um trabalho de parceria e confiança. Dessa forma, se o seu coachee lhe pergunta sobre a sua percepção de um determinado tópico e você tem certeza (e não apenas uma ideia ou uma opinião) sobre uma forma eficiente de ação (por exemplo, você é nutricionista e o coachee indaga sobre determinado modo de emagrecer, ou você é um especialista em vendas, e a pergunta é sobre como aumentar a performance nessa área), não há problema em responder, contanto que seja um fato atípico e você deixe bem claro que aquele é um parênteses no processo de coaching.

GLOSSÁRIO DE COACHING

▸ **Processo de coaching**

Processo com começo, meio e fim em que o coach apoia o coachee na busca da realização das metas deste.

▸ **Sessão de coaching**

Cada um dos encontros que compõem o processo de coaching.

▸ **Coach**

Profissional que utiliza a metodologia de coaching e guia o processo.

▸ **Coaches**

Plural de coach.

▸ **Coachee**

Pessoa que passa pelo processo de coaching.

▸ **Coachees**

Coachee no plural.

▸ **Coachtório**

Espaço físico onde se realizam sessões de coaching.

▸ **Coachable**

Pessoa que está apta a participar de um processo de coaching física, emocional e financeiramente.

História do coaching

PRESSUPOSTOS DO PROCESSO DE COACHING DE EXCELÊNCIA

A seguir, estão postos os principais conceitos que resumem a filosofia do coaching:

1. O coachee tem todos os recursos necessários para alcançar seus objetivos.

Como disse Walt Disney: "Se você é capaz de sonhar, também é capaz de realizar". Dentro do processo de coaching, o participante vai identificar seus pontos fortes e aprender a se desenvolver, com foco na realização de seus objetivos.

2. Rapport de alma.

A conexão é um dos pilares do Processo de Coaching de Excelência. Para isso, é importante ouvir, ver, sentir e exercitar o estado de presença com seu coachee, mantendo a mente no presente e a desviando de outros pensamentos, em benefício da transformação do seu coachee.

A diferença entre o rapport de alma e o espelhamento mecânico é que o coach simplesmente se coloca numa posição genuína de contribuição, silencia a mente, os sentimentos e as palavras e amplia sua percepção com os cinco sentidos. Sendo assim, o espelhamento físico acontece naturalmente, inibindo qualquer intenção de manipulação, julgamento ou falta de foco do profissional.

3. Linguagem adequada ao coachee, de forma que ele compreenda plenamente toda a condução do processo dentro do seu mapa de significados.

Nesse aspecto, é importante que você compreenda que, para realizar algo, seu coachee precisa ver sentido naquilo. Use as palavras do vocabulário dele para que ele se aproprie do processo e se sinta pronto para entrar em ação com sua ajuda.

4. Quem tem as respostas é o coachee. O coach tem as perguntas.

A reflexão conduz à mudança de comportamento necessária no processo de coaching. Se você tentar responder por seu coachee, vai queimar etapas essenciais para que ele tome consciência da importância da transformação.

5. Taxa de sucesso ao invés de fracasso.

O foco é sempre no positivo, e isso quer dizer que, se ele não fez o que deveria fazer de um encontro para o outro, não significa que tenha fracassado, mas que evoluiu no sentido de que tomou consciência de que aquele não é o caminho para alcançar o que deseja.

6. A melhor forma de aprender é por meio da prática.

Ao final de cada sessão, o coachee terá uma ou mais tarefas (ações) que o aproximarão de seu objetivo e que deverão ser executadas para o próximo encontro. Lembre-se sempre de que a constância é a mãe do sucesso; e a prática, a da excelência.

7. Uma opção não é opção, duas opções são um dilema, mas, a partir de três opções, há escolha.

Quando você tem uma opção, não tem escolha porque pode somente fazer aquilo, simples assim. Quando há duas opções, muitas vezes, a situação traz consigo uma dúvida do que seria melhor escolher. A partir de três opções é que de fato você escolhe.

8. Cada mente cria a própria realidade.

A percepção da realidade se faz por meio de filtros que abrangem desde os sentidos, passando pelo que aprendemos, à visão de mundo. Essa concepção determina sua forma de compreender a realidade.

9. Crescimento contínuo.

A cada encontro o coachee vai evoluir rumo à conquista do seu objetivo por meio de reflexões e tarefas preestabelecidas.

10. Evidência e pragmatismo.

O crescimento é percebido por meio de evidências, ações, comportamentos e resultados que comprovam que foram dados um ou mais passos em direção à conquista do objetivo proposto dentro do processo de coaching. Evidência é um fato, ou seja, algo que pode ser fotografado ou filmado, nunca uma emoção, um sentimento ou algo subjetivo.

11. Autoridade energética.

O ser humano possui um conjunto de células muito especiais chamadas "neurônios-espelho". Esses neurônios repetem um padrão de comportamento, sentimento e pensamento semelhante ao de quem você está conectado no rapport de alma. Isso significa que, quando você se sente seguro porque tem o passo a passo do que precisa fazer durante a sessão de coaching, seu coachee sente sua segurança. Da mesma forma, quando você está indeciso, com medo ou inseguro, o coachee reproduz esse padrão. Existem vários experimentos científicos com base no conceito de campo, da física quântica, que explicam esse fenômeno. É também a partir disso que o processo de coaching vai funcionar presencialmente, por videoconferência ou até por telefone, quando o coach se sentir preparado e num estado genuíno de contribuição.

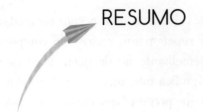

RESUMO

- Apesar de ter se tornado mais conhecido no fim do século XX, o coaching tem suas raízes na Antiguidade e foi influenciado principalmente por Sócrates e por perguntas socráticas. Ao longo dos anos, foram incorporadas diversas correntes filosóficas e áreas de desenvolvimento humano a essa técnica. Atualmente, o Método Excelência em Coaching é uma das metodologias mais contemporâneas, reunindo o que há de mais atual em diversos campos da ciência social.

- O coaching se diferencia da consultoria, da terapia e da mentoria por ser um procedimento prático, direcionado para um objetivo futuro específico, em que o coach atua como facilitador do processo, e o coachee é o protagonista.

- Como toda área do conhecimento humano, o coaching tem um vocabulário próprio para fazer referência às suas especificidades. É importante que você domine esse glossário para compreender melhor o restante deste manual.

- Existem onze pressupostos do Processo de Coaching de Excelência, que são:

    - O coachee tem todos os recursos necessários para alcançar seus objetivos;
    - Rapport de alma;
    - Linguagem adequada ao coachee;
    - Quem tem as respostas é o coachee. O coach tem as perguntas;
    - Taxa de sucesso ao invés de fracasso;
    - A melhor forma de aprender é por meio da prática;

- Uma opção não é opção, duas opções são um dilema, mas, a partir de três opções, há escolha;

- Cada um cria a própria realidade;

- Crescimento contínuo;

- Evidência e pragmatismo;

- Autoridade energética.

QUESTÕES PARA REVISÃO

1. Quando o termo "coaching" passou a ser usado no contexto de desenvolvimento pessoal?

2. Qual é a definição de coaching da International Coach Federation (ICF)?

3. Quem é o protagonista em um processo de coaching?

4. Qual é o papel do coach dentro de um processo de coaching?

5. Liste cinco benefícios do coaching para pessoas ou empresas.

6. O que é importante para que o coachee tenha resultados?

7. O Método Excelência em Coaching e o Protocolo de Atendimento para Coaches podem ser aplicados em quais tipos de processos?

8. Por que o Método Excelência em Coaching e o Protocolo de Atendimento para Coaches são tão versáteis, podendo ser aplicados em todos os formatos de atendimento em coaching?

9. Qual é a diferença de coaching e terapia?

10. Por que coaching não é uma consultoria?

11. O que diferencia um processo de coaching de um treinamento?

12. Quais são os onze pressupostos do Processo de Coaching de Excelência?

CASO PARA VOCÊ SE INSPIRAR

Veja o testemunho da Débora, participante da comunidade de alunos:

"Muito feliz! Uma coachee deu a primeira volta de carro, e a outra pediu para ser demitida porque passou no mestrado.
— ☺ sentindo-se confiante."

PARA PARTICIPAR DA COMUNIDADE EXCELÊNCIA EM COACHING E TAMBÉM RELATAR SUAS EXPERIÊNCIAS COM O USO DO MÉTODO E DO MATERIAL COMPLEMENTAR, ACESSE:
HTTP://BIT.LY/COMUNIDADEALUNOS.

A sombra perde o poder quando a consciência para de se dividir.

Deepak Chopra

2. AS QUATRO COMPETÊNCIAS ESSENCIAIS PARA ALCANÇAR EXCELÊNCIA EM COACHING

Vamos falar aqui sobre as competências que um coach de excelência deve desenvolver. Elas são previstas pela ICF, que tem por objetivo promover a prática do coaching profissional.

Essas competências vão ajudá-lo a chegar à excelência em seus atendimentos, por isso é muito importante que você se dedique e se aprofunde na forma como você fala dos fundamentos do coaching para as pessoas, na cocriação de um relacionamento com o seu coachee, na sua capacidade de se comunicar de maneira assertiva e efetiva com ele e na forma como você facilita o aprendizado dele.

É importante que você, desde já, busque desenvolver essas competências para alcançar excelência em coaching. Percebo na prática da supervisão com meus alunos que, quanto mais desenvolvem cada uma delas, mais aceleram seus resultados como coaches.

ESTABELECER OS FUNDAMENTOS DO COACHING

Este item trata da capacidade de você explicar o processo de coaching de maneira didática. O coach de excelência deverá desenvolver a habilidade de explicar o programa para qualquer pessoa, independentemente do nível de escolaridade, idade, religião ou cultura, como também deverá se adequar a qualquer lugar onde esteja, seja no supermercado, na fila do banco, seja em um ambiente mais formal como uma empresa.

Para que você, coach, possa cumprir com esse fundamento, é essencial que tenha bem claro como o processo de coaching funciona, quais tipos existem e para que servem as cinco etapas do método que irá aplicar com seu coachee.

Por isso, é muito importante que, além das ferramentas, você entenda a estrutura lógica do processo que será apresentado nos capítulos a seguir.

Conhecer profundamente o que você faz pelas pessoas e como isso funciona vai fazer que fale com mais autonomia e segurança. A explicação pode se dar de maneira formal, com apresentação de slides e documentos, ou de maneira informal, simplificando as informações, de modo que seja possível que seu coachee entenda o que você está falando. Chamo isso de *coaching education.*

Coaching education de elevador é quando a explicação sobre o que é e o que pode se esperar do processo de coaching é rápida, direta e objetiva, de forma que possa ser realizada durante um deslocamento no elevador.

Veja o exemplo abaixo:

"O processo de coaching é um processo de parceria em que você está 100% no controle e meu papel é ajudá-lo a acessar os conhecimentos, as habilidades e as atitudes para alcançar o objetivo que deseja."

Independentemente das formas de apresentação, é fundamental que sua explicação esteja baseada na ética e no profissionalismo, lembrando que é de competência do coach ajudar o coachee a alcançar os objetivos, inclusive o de entender como funciona o programa.

Além da capacidade de explicar o que é coaching, é preciso que você desenvolva a capacidade de estabelecer os combinados para o processo, deixando claro o que será de competência do coach e do coachee, como deve ser a conduta de cada um, todo o procedimento para atendimentos, os acordos em relação ao funcionamento do processo, sempre respeitando todas as partes e formando assim bases para um relacionamento saudável com seu coachee.

RELACIONAMENTO INTERPESSOAL

Coaching é um processo de parceria. Para que seu coachee entre nessa jornada com você, é muito importante estabelecer uma relação de confiança e de extremo respeito com o coachee. É preciso que ele sinta que, com você, está em um ambiente seguro e que perceba seu desejo genuíno de ajudá-lo. A melhor forma de alcançar isso no relacionamento com seu coachee é estabelecendo o rapport de alma.

O que é rapport de alma?

É um estado de profunda conexão entre você e seu coachee, em que você se coloca em posição genuína de contribuição. No rapport de primeira geração (de caráter mais mecânico, muito utilizado na programação neurolinguística,) é necessário espelhar a fisiologia do interlocutor, repetindo gestos, tom de voz, posturas etc.

No entanto, o rapport de alma é mais profundo e, para alcançá-lo, é fundamental que durante os atendimentos você deixe de lado todas as suas preocupações e ansiedades. O tecnicismo das perguntas e dos procedimentos racionalizados também não são bem-vindos. O importante aqui é você entrar em conexão total com seu coachee, num estado de plena presença, colocando-se numa posição genuína de contribuição e preocupação com ele, estabelecendo assim uma relação de confiança, parceria e intimidade.

No rapport de alma você se conecta profundamente com seu coachee porque se coloca a serviço, compreendendo que ele é o protagonista do processo e que este trata da história dele. Essa conexão é possível graças ao fato de você:

- Silenciar a mente;

- Silenciar a fala;

- Escutar ativamente;

- Sentir com o coração.

Falaremos mais sobre rapport de alma quando tratarmos dos pilares da metodologia.

COMUNICAÇÃO

A terceira competência de um coach de excelência é a comunicação. O diálogo precisa se dar de maneira assertiva e genuína.

Você precisa saber que se comunicar de maneira assertiva não tem nada a ver com objetividade e muito menos com brutalidade. Na verdade, para alcançar esse êxito você precisa desenvolver a habilidade de escutar.

Não sei para você, mas fortalecer a capacidade de escuta ativa talvez não seja tão simples, pois ela exige a prática de calar. Isso chega a ser engraçado, pois a maioria das pessoas acha que a base da comunicação seja a fala, quando na verdade o segredo de se comunicar com assertividade está em falar menos do que ouvir.

Falar também é importante, no entanto um diálogo carregado de verdade exige que você saiba o que falar e, para isso, a "escutatória" é a sua maior aliada, pois ao ouvir a pessoa em sua essência você compreende exatamente o que ela precisa, quais são suas demandas, suas dores, seus anseios, seus sonhos e, assim, passa a se comunicar de maneira eficiente.

Com a escuta ativa, você calará suas opiniões, suas crenças, seus valores e suas experiências e vai falar daquilo que importa. Usará as perguntas poderosas com mais facilidade, vai se comunicar de maneira profunda e genuína, simplesmente por desenvolver a capacidade de escutar.

Ficando num estado de plena presença, silenciando o seu ego e entendendo que seu coachee é o que há de mais importante, você conseguirá ajudá-lo a resolver seus conflitos de forma muito mais assertiva, empática e respeitosa.

MOSTRAR E FACILITAR OS APRENDIZADOS E RESULTADOS QUE O COACHEE TEVE NESSE PROCESSO

A última das competências do coach de excelência diz respeito à capacidade de ajudar o coachee a absorver e reconhecer os aprendizados que teve.

O coaching é um processo pragmático, então é importante que seu coachee aja por meio de tarefas estabelecidas no fim das sessões ou durante o processo. Isso porque apenas conversar e estimular a reflexão do seu coachee não vai colocá-lo em movimento. O que realmente vai gerar resultados é ele entrar em ação, por isso a importância das tarefas.

Muito mais do que estabelecer as tarefas, o seu papel é ajudá-lo a desenvolver um plano de ação em direção ao objetivo dele. Não importa se essa ação vai promover o autoconhecimento ou se vai fazer ele desenvolver uma estratégia para lidar com uma crença, o importante é o coachee sair da sessão com uma tarefa que faça sentido para ele e que o ajude a alcançar o resultado.

Além de promover a ação, é essencial que você ajude o coachee a mensurar seus resultados. É normal que uma pessoa evolua e, com o tempo, acostume-se com o novo estado a que chegou e não perceba tudo o que conquistou. Por esse motivo, fazer perguntas validando o encontro e estimulando que ele perceba quais foram os aprendizados vai ajudá-lo a ter a consciência da sua evolução.

Questionamentos como "O que ficou de mais importante no encontro de hoje?" ou "O que você gostaria que eu tivesse perguntado hoje que não perguntei?", apesar de simples, são perguntas-chave para que seu coachee mensure os resultados, você perceba o desenvolvimento dele e trace os próximos passos.

Resumindo, o coach de excelência precisa desenvolver a competência de trabalhar junto com seu coachee o plano de ação e a gestão do progresso dele, levando-o a ter consciência dos aprendizados obtidos.

Conduza o seu processo com muita ética, criando um relacionamento sustentável com rapport de alma, gerando parceria e autorresponsabilidade, por meio de uma comunicação efetiva com a escuta ativa, facilitando o aprendizado e estabelecendo um plano de ação, sempre validando o aprendizado do seu coachee.

Agora que você já sabe quais são as competências que deve desenvolver, o próximo passo é entrar em ação.

Lembre-se sempre de que a prática é mãe da excelência. Cada vez que você colocar essas competências em ação, vai perceber que ficará mais simples executá-las, até chegar o dia em que o ato se tornará automático. Então, não se cobre tanto e tenha consciência também do seu progresso.

RESUMO

- É importante conhecer as competências do coach de excelência para saber se você tem realmente o perfil para atuar profissionalmente com desenvolvimento humano e transformar a vida das pessoas.

- Quanto melhor dominar cada uma dessas competências, mais excelência terá em seus atendimentos. Você deve saber:

1. O coachee tem todos os recursos necessários para alcançar seus objetivos;
2. Explicar de forma didática e clara o que é coaching e como funciona o processo;
3. Como criar uma relação de confiança com o coachee;
4. Comunicar-se de forma clara e assertiva;
5. Trabalhar junto com o coachee o plano de ação e a gestão do progresso dele, levando-o a ter consciência dos aprendizados obtidos.

As quatro competências essenciais para alcançar excelência em coaching

QUESTÕES PARA REVISÃO

1. Quais são as quatro competências essenciais de um coach de excelência?

2. Por que é importante saber explicar didaticamente como funciona o processo de coaching?

3. Qual é a melhor forma de se relacionar com o coachee?

4. O que é preciso fazer para estar em rapport de alma com o coachee?

5. Como estabelecer uma comunicação assertiva com o coachee?

6. Qual é o motivo de deixar claro para o coachee os resultados que teve ao longo das sessões e do processo de coaching?

Manual do coach de excelência

 # CASO PARA VOCÊ SE INSPIRAR

Veja o testemunho da Suzi, participante da comunidade de alunos:

"A última sessão com Mário, meu coachee, foi maravilhosa! Fizemos o *road map* e depois uma avaliação do processo. O grau de satisfação dele foi incrível e o da empresa também! O método funciona e realmente traz a transformação! Eu mesma fiquei muito feliz! Vou transcrever uma parte do e-mail que ele enviou para o RH e seu diretor!

'Boa tarde!

Gostaria de agradecer pela confiança e acreditar no meu desenvolvimento através do trabalho feito com apoio da Suzi, pois realmente foi um diferencial em tão pouco tempo, trazendo para mim uma melhoria significativa de confiança em mim mesmo e na melhoria de desempenho de minha equipe, o que me deixou muito mais confiante e com muito menos sobrecargas/estresse.

O trabalho inicial foi focado no assessment, em que Suzi me subsidiou e pude ver meus pontos positivos e a desenvolver, contribuindo para o meu 'redescobrimento'. Realmente pude perceber o quanto estava em minhas mãos a maioria de meus GAPs e, consequentemente, ajudou-me na gestão de minha equipe, assim como a desenvolvê-la.

[...]

Em resumo, sinto-me muito mais confiante e tranquilo nas tomadas de decisão, e a equipe mais confiante com desafios, desde a base até a liderança. Claro que esse trabalho será contínuo e ainda tenho meus GAPs, assim como a equipe, mas pelo menos estão mais claros e perfeitamente tangíveis após o belo trabalho suportado pela Suzi. Até em casa, a esposa disse que a mudança foi grande e quer também sessões de coach com a Suzi... rsrsrsrs

Suzi, deixo aqui meus agradecimentos e, como te falei, você conseguiu me mostrar um profissional com grandes virtudes (potenciais) e que estava adormecido, mas que estava na minha frente e você me ajudou a enxergar.

[...]

AVALIAÇÃO: EXCELENTE'

Não tem como não ficar feliz e sou muito grata à Channa Sanches Vasco e a vocês todas que sempre contribuíram muito com minhas dúvidas e preocupações!"

PARA PARTICIPAR DA COMUNIDADE EXCELÊNCIA EM COACHING E TAMBÉM RELATAR SUAS EXPERIÊNCIAS COM O USO DO MÉTODO E DO MATERIAL COMPLEMENTAR, ACESSE: HTTP://BIT.LY/COMUNIDADEALUNOS.

O único homem que eu conheço que se comporta sensatamente é o meu alfaiate; ele toma minhas medidas cada vez que me vê. O resto continua com suas velhas medidas e espera que eu me encaixe nelas.

George Bernard Shaw

3. COMO ASSIM, ATENDER EM CINCO SESSÕES?

Tive uma jornada corporativa, trabalhei em grandes empresas e fui muito bem-sucedida. Aos 25 anos, liderava mais de 1500 pessoas, gerenciando um orçamento multimilionário. No entanto, passei por um estresse muito forte e desenvolvi a síndrome de Burnout.

Precisei me afastar de tudo e cuidar de mim, então resolvi passar por um período sabático. Fui me conhecer, fiz muitas formações nessa época, mais de treze em coaching, física quântica, neurociência, PNL, linguagem hipnótica, entre outros.

Comecei a atender e me apaixonei por essa nova profissão. Após algum tempo, percebi que tinha mais resultados do que os meus colegas coaches que começaram a me procurar. Em paralelo, diariamente recebia notícias de transformações incríveis de meus coachees e quis entender o porquê disso. Foi nesse momento que aprendi qual era o pulo do gato, a chave do sucesso do coach: eu tinha muita segurança para atender, confiava muito no que fazia, fomentava transformações poderosas na vida das pessoas e isso era meu diferencial.

Estava descobrindo que ser luz na vida das pessoas é ajudá-las a acender o que está adormecido dentro de si. É por isso que diariamente sou convidada para dar palestras ou conceder entrevistas para a televisão, o rádio, jornal ou sites de todo o país.

Depois de mais de 8 mil horas de atendimento e de ter fomentado a transformação na vida de muitas pessoas, resolvi ajudar mais coaches a serem luz na vida dos outros, levando mais segurança e consistência para seus processos, aumentando seu nível de atendimento e seus resultados.

Apesar de atualmente ter centenas de alunos em programas de formação, educação continuada, supervisão e mentoria para coaches, faço questão de atender como coach até hoje, pelo próprio princípio da congruência – para que eu ensine o que realmente vivo na prática.

Com toda essa bagagem, minha meta é que você tenha acesso à profundidade do método, conheça a estrutura lógica de um processo de coaching completo e sinta-se pronto para atender como coach ou até mesmo se tornar um pesquisador ou um praticante de coaching em sua casa, empresa, igreja ou onde mais houver necessidade desses conhecimentos.

Claro que vou ensiná-lo as ferramentas, mas a intenção é que você alcance o estado de excelência e, praticando a metodologia, vá aprimorando elas e trabalhe na conexão profunda com seu coachee e, principalmente, compreenda a estrutura lógica que há na sequência de cada uma das etapas do Método Excelência em Coaching apresentado neste livro.

Para isso, você vai aprender o tripé da nossa metodologia: rapport de alma, perguntas poderosas e a estrutura lógica de atendimento. É importante que você saiba que a excelência é uma jornada que não acontece da noite para o dia, mas pode ser bem rápida, pois existe um passo a passo, com orientação e acompanhamento para alcançá-la.

Da mesma forma, você possivelmente não vai começar a atender em cinco sessões no começo. E está tudo bem, isso é normal e esperado. No início serão doze, dez, oito... até que chegue em cinco encontros. Conforme for exercitando a função e ganhando confiança, você poderá reduzir gradualmente a quantidade de encontros em seus processos, mantendo a consistência.

Outra estratégia que uso em meus atendimentos e que pode acelerar o processo é a gravação em áudio ou vídeo da primeira etapa: o autoconhecimento. Isso vai permitir que seu coachee viva a experiência antes e possa partilhar os aprendizados com você durante a sessão, aprofundando-se na experiência de autoconhecimento.

Outra coisa importante, principalmente se você já é coach formado, é se abrir e se permitir praticar a metodologia aqui apresentada. Talvez ao ler essas orientações possa se perguntar: mas como é que nunca ouvi falar em atender em cinco sessões de coaching? A resposta é que, dependendo de quando você estiver lendo este livro, possivelmente esse conhecimento ainda não tenha sido difundido no Brasil, pelo simples fato de uma das minhas características ser ir até a fonte e buscar o que existe de mais moderno na área de desenvolvimento humano, para lhe oferecer plenas condições de garantir a transformação na vida das pessoas, assim como todos os alunos que utilizam a metodologia aqui apresentada tanto no Brasil quanto no exterior.

Também é muito importante que você treine a sua capacidade de fazer perguntas poderosas, que levarão o coachee a desenvolver a autorresponsabilidade e refletir, de forma que chegue a uma solução que seja válida para ele.

Coloquei neste livro o meu melhor, fruto de profundo estudo e aplicação prática de anos, com milhares de pessoas. Espero que você aproveite muito. Não quero que você simplesmente acredite em mim. Desejo convidá-lo para que coloque em prática os ensinamentos e ajude as pessoas. Lembre-se: a prática é a mãe da excelência.

RESUMO

Como assim, atender em cinco sessões?

Como não há um "Deus do coaching" que determina o número de sessões de um processo completo para transformar a vida das pessoas, adaptei a cultura prática e objetiva do universo corporativo ao coaching, buscando formas mais eficazes e fundamentadas de executar cada uma das etapas.

Dessa maneira, trouxe conceitos poderosos e ao mesmo tempo simples aos processos de coaching. Assim, cheguei às cinco etapas que apresento aqui, as quais, com a prática, vão lhe permitir atender em cinco sessões.

QUESTÕES PARA REVISÃO

1. Qual foi a chave para o sucesso da Channa Sanches Vasco como coach?
2. Por que ela continua atendendo como coach?
3. Qual é o tripé do Método Excelência em Coaching?
4. Qual mindset fundamenta o Método Excelência em Coaching?

CASO PARA VOCÊ SE INSPIRAR

Veja o testemunho da Vanessa, participante da comunidade de alunos:

"Eu estou muito orgulhosa e muito, muito feliz. Hoje fiz uma sessão de coaching totalmente fora da minha caixinha. Fizemos a sessão de crenças e trabalhei o quadro e foi fantástico, porque as perguntas poderosas vieram como uma luva e cada vez que eu perguntava 'Faz sentido?', ela parava, pensava e dizia: 'Não!'. Eu olhava como quem diz: 'Pensa'. Ela acessava a memória visual, pensava mais um pouco, *linkava* a uma situação e dizia: 'Faz, eu lembrei disso, disso e disso'. Não foi apenas isso. Eu senti que seria bom fazer um reiki no final e foi uma aplicação deliciosa.

Meu aprendizado é: confiar no processo e acreditar na minha intuição.

Gente, estou estralandooooo!"

> **PARA PARTICIPAR DA COMUNIDADE EXCELÊNCIA EM COACHING E TAMBÉM RELATAR SUAS EXPERIÊNCIAS COM O USO DO MÉTODO E DO MATERIAL COMPLEMENTAR, ACESSE:**
> **HTTP://BIT.LY/COMUNIDADEALUNOS.**

A constância é a mãe do sucesso, e a prática é a mãe da excelência.

Channa Sanches Vasco

4. CONHECENDO O MÉTODO EXCELÊNCIA EM COACHING

O Método Excelência em Coaching divide o processo de coaching em cinco etapas, que aos poucos, com a prática dos seus atendimentos, vão se transformando nos tópicos das cinco sessões. Falaremos agora sobre elas e, ao longo das páginas, iremos nos aprofundar em cada uma.

Na primeira etapa, aprimoramos o autoconhecimento do coachee. Antes mesmo de definir o objetivo, ele precisa reconhecer seu perfil, suas forças, habilidades, competências e atitudes, para só depois começar de fato um processo de coaching, já tendo clareza sobre suas forças e fraquezas e seus próprios desejos. Além disso, é importante que você, coach, o conheça para poder ajudá-lo a conquistar a vida que deseja.

Na segunda etapa, trabalhamos a mentalidade do coachee, pois não há como chegar a um objetivo se a pessoa pensar que não pode, não consegue ou não merece. É preciso trabalhar crenças e se libertar dos sabotadores para alcançar o sucesso. Um aspecto importante é que, nesta etapa, fortalecemos o senso de certeza poderoso do coachee, de forma que ele perceba o quanto é capaz de transformar positivamente a própria vida.

Apenas na terceira etapa é hora de estabelecer a meta. Isso acontece porque só depois de desenvolver o autoconhecimento e a mentalidade certa, a meta será verdadeiramente poderosa e motivadora para o coachee.

A quarta etapa será dedicada a colocar a mão na massa e trabalhar os pontos cegos, ou seja, desenvolver hábitos necessários, de forma que se melhore a performance, refinando o processo de realização e se aproximando do estado desejado.

Na quinta etapa, é o momento de preparar o coachee para caminhar com as próprias pernas, o que chamamos de "voo da águia". Aqui, o coachee é empoderado para que siga em frente mesmo sem ter você por perto.

Com a prática, cada uma dessas etapas será realizada em apenas uma sessão, mas o ideal é que você vá aplicando a metodologia e reduzindo aos poucos o número de sessões de cada uma delas.

EFEITO FRANKENSTEIN

Quando uma de minhas alunas me mandou uma mensagem dizendo que o Método Excelência em Coaching não estava funcionando para ela, fiquei curiosa para entender o que estava acontecendo.

Afinal, já tinha validado tudo, com vários coaches do Brasil e do exterior, em vários nichos e formatos, e todos tiveram ótimos resultados. Alguns chegaram a faturar mais de 700 mil reais em um ano aplicando o Método.

Eu mesma apliquei o método em mais de 8 mil horas de atendimento on-line, presencial, em grupo e individual e desde 2013 meus alunos também usam a metodologia com sucesso.

Por isso, ouvi atentamente quando ela me contou que não estava tendo resultados. Sentei com ela e fui ver exatamente o que estava fazendo. E vi que ela tinha caído no Efeito Frankenstein.

Quando você reúne uma parte de uma metodologia aqui, com outra ferramenta top ali, com uma estratégia master blaster acolá, você tem uma supertécnica, com o melhor de cada uma, certo?

Pééém! Errado!

Você tem um monstro capenga que não anda direito. Pense comigo: se juntar os olhos do Cauã Reymond, com o abdômen saradão do Caio Castro e as pernas do Neymar, teríamos o homem mais bonito do mundo? Não, vamos ter um monstro todo desengonçado!

Então, se você tem em mãos um método, um passo a passo que já foi testado e validado, porque vai querer mudar e correr o risco de algo dar errado? Lembre-se: toda metodologia validada tem começo, meio e fim. E para funcionar, é preciso seguir à risca.

Siga os passos e os roteiros do jeitinho que estão aqui. Sem tirar nem pôr. Lembre-se de que estamos falando da vida de pessoas. É preciso seguir exatamente o método para garantir os resultados. É um passo a passo, um verdadeiro protocolo de atendimento.

É dessa forma que eles foram aplicados, testados e validados na prática. Digo sempre: primeiro a ciência, depois a arte.

Após aplicar o método centenas de vezes e internalizar os valores fundamentais é que você poderá inovar, incrementando aos poucos seu próprio estilo. Mas primeiro é preciso que conheça e aplique o Método Excelência em Coaching da forma como descrevo aqui para ter os resultados que eu e meus alunos temos, atendendo com segurança, garantindo a transformação na vida das pessoas e vivendo bem como coach.

RESUMO

O método é dividido em cinco etapas claramente definidas:

1. Autoconhecimento;
2. Crenças e sabotadores;
3. Meta;
4. Mão na massa;
5. Voo da águia.

É essencial seguir as etapas e o passo a passo da forma como estão descritos neste manual para ter os resultados almejados. O Método Excelência em Coaching funciona do modo como está detalhado aqui, então qualquer mudança ou adaptação irá reduzir significativamente o poder de transformação dele.

QUESTÕES PARA REVISÃO

1. O Método Excelência em Coaching é dividido em quantas etapas?
2. O que é trabalhado na primeira etapa?
3. Na segunda etapa, qual é o foco do coach de excelência?
4. Por que a meta só deve ser estabelecida na terceira etapa?
5. Qual o principal ponto da quarta etapa?
6. Na quinta etapa, o que acontece com o coachee?
7. Quando se juntam as melhores partes dos melhores métodos, o que se tem?
8. Por que é importante seguir um método à risca, sem adaptações ou atalhos?

CASO PARA VOCÊ SE INSPIRAR

Veja o testemunho da Silvia, participante da comunidade de alunos:

"Acabei de aplicar a etapa de crenças pela primeira vez. Estava com medo, mas fui e fiz. Meu coachee trouxe questões muito fortes e uma crença limitante: 'Se eu obtiver sucesso profissional, não sobrará tempo para dar atenção à minha família, que virará as costas, me abandonará e passará a me rejeitar'. Ressignificamos essa crença, que foi substituída pela crença fortalecedora: 'Se eu obtiver sucesso profissional, eu me tornarei o orgulho da minha família'. Ferramenta muito poderosa!"

> **PARA PARTICIPAR DA COMUNIDADE EXCELÊNCIA EM COACHING E TAMBÉM RELATAR SUAS EXPERIÊNCIAS COM O USO DO MÉTODO E DO MATERIAL COMPLEMENTAR, ACESSE:**
> **HTTP://BIT.LY/COMUNIDADEALUNOS.**

*Só aos poucos é que
o escuro é claro.*

Riobaldo, em *Grande sertão:
veredas*, de Guimarães Rosa

5. TRIPÉ DO MÉTODO EXCELÊNCIA EM COACHING

RAPPORT DE ALMA

Antes de mais nada, preciso que você conheça e estabeleça o rapport de alma.

Já falamos resumidamente um pouco sobre esse conceito tão importante, com lastro na física quântica. Estar em rapport de alma significa estar 100% conectado ao seu coachee no momento do atendimento. Sabe aquele estado em que você nem sente o tempo passar? Você silencia sua voz, seus pensamentos, suas preocupações e deixa fluir a ligação entre você e o seu coachee.

Em todos os meus atendimentos, seja como coach, seja nos programas de supervisão e mentoria, não só uso como ensino a respeito do rapport de alma, e tenho percebido como isso faz que os resultados fluam com muito mais facilidade. Como dito anteriormente, o rapport de espelhamento é bom, mas o rapport de alma é a evolução daquele e permite que você se conecte com a pessoa imediatamente.

Para estabelecer esse tipo de conexão com seu coachee, você vai precisar seguir alguns passos.

É essencial que durante o atendimento você deixe o telefone de lado ou qualquer outra distração para estar totalmente concentrado no seu coachee.

É importante que você se desprenda dos seus pensamentos e da racionalidade. Pensar nos problemas, no quanto você não concorda com o que o seu coachee está falando ou na próxima pergunta que fará quebra o rapport, pois gera desconexão entre você ele.

Concluindo, para estar em estado de rapport de alma você deve desenvolver um interesse genuíno pela pessoa do seu coachee, deixando tudo o que não estiver ligado diretamente a ele de lado, desfrutando do estado de plena presença e conexão.

É importante que você conheça a diferença entre rapport de alma e empatia. Porque possivelmente você já tenha escutado que, como coach, precisa desenvolver a empatia. Só que as duas são coisas bem diferentes.

Empatia significa se colocar no lugar do outro, e isso pressupõe sentir o que o outro sente. A partir do momento em que o coach faz isso, abandona seu papel de ajuda profissional, pois perde-se o distanciamento necessário.

Por exemplo, digamos que duas amigas estejam conversando e uma delas esteja muito triste, a outra começa a sentir a mesma tristeza. Isso acontece porque estão em estado empático. Quando isso acontece num processo de coaching, você passa a ter menos habilidade para lidar com a situação, não conseguindo fazer a pergunta adequada ou aplicar a ferramenta certa para tirar seu coachee daquele estado. Uma vez que você estiver vivendo a dor do outro, não terá condições de buscar recursos para ajudá-lo a solucionar o problema.

Já quando entra em um estado de rapport de alma, você passa a ter um estado de presença plena e uma intenção genuína de contribuição em relação ao seu coachee. Ao fazer isso, você entende que o desafio pelo qual o seu coachee está passando é algo que pertence a ele e, estando no seu papel de coach, terá maior habilidade para usar seus recursos de coach de excelência para ajudá-lo a sair daquele estado e seguir os passos necessários para alcançar o que deseja.

Uma das principais habilidades que terá de desenvolver para alcançar esse estado é estar onde seu corpo está, ou seja, em pleno estado de presença. Sei que se trata de um dos maiores desafios do ser humano, então aconselho que você pratique essa capacidade por meio de meditação, exercícios físicos, dança ou qualquer outra atividade que possa ajudá-lo nesse sentido. Alcançando o estado de presença, você terá chegado ao ápice do que deve ser seu atendimento – sua mente e seu corpo presentes em conexão com seu coachee.

Independentemente de se o atendimento é on-line ou presencial, use os seus cinco sentidos para se conectar ao seu coachee e, com a intenção genuína de ajudá-lo, esteja presente nesse encontro.

Campo mórfico

O conceito de rapport de alma tem um dos lastros na Teoria dos Campos Mórficos, formulada pelo doutor Rupert Sheldrake, pesquisador da Universidade de Cambridge e da Sociedade Real Britânica. Sua tese tem influenciado outras áreas, como a psicologia. Segundo ele, a mente dos seres de uma espécie está conectada, formando um campo mental planetário: o campo morfogenético.

Em seu livro *Uma nova ciência da vida*, Sheldrake (2016) propõe a seguinte definição:

> Os campos morfogenéticos ou campos mórficos são campos que levam informações, não energia, e são utilizáveis através do espaço e do tempo sem perda alguma de intensidade depois de ter sido criado. [...] Deste modo, cobre a formação das galáxias, átomos, cristais, moléculas, plantas, animais, células, sociedades. Cobre todas as coisas que têm formas e padrões, estruturas ou propriedades auto-organizativas.

"Morfo" vem do termo grego *morphe*, que significa forma; "genética" vem de *gêneses*, que se refere à palavra "origem". Campos de forma, padrões ou estruturas de ordem: eles organizam a natureza com base nas informações de toda a história. Cada tipo de organismo e padrão de comportamento tem seu próprio campo mórfico.

Os campos morfogenéticos agem modificando eventos probabilísticos e impondo padrões restritivos sobre a matéria. Um sistema, um processo físico-químico pode seguir diversos caminhos, e o campo limita essas opções.

Uma metáfora explica o conceito central da Teoria dos Campos Mórficos. Havia um conjunto de ilhas povoado apenas por macacos. Eles se alimentavam de batatas que tiravam da terra. Um dia, não se sabe por que, um desses macacos lavou a batata antes de comer, o que melhorou o sabor do alimento. Os outros o observaram, intrigados, e aos poucos começaram a imitá-lo. Quando o centésimo macaco lavou a sua batata, todos os macacos das outras ilhas começaram a lavar suas batatas antes de comer. E entre as ilhas não havia nenhuma comunicação aparente.

Átomos, moléculas, células, tecidos, órgãos, organismos, sociedades, ecossistemas, sistemas planetários, sistemas solares, galáxias: cada uma dessas entidades estaria associada a um campo mórfico específico. São eles que fazem que um sistema seja um sistema, isto é, uma totalidade articulada, e não um mero ajuntamento de partes.

Pode-se concluir que o campo morfogenético afeta cada integrante tal como cada integrante afeta o campo. Ele também está conectado a informação genealógica de um ponto de vista quântico.

PERGUNTAS PODEROSAS

Todo o processo de coaching é fundamentado em perguntas que conduzem o coachee a se conhecer melhor e definir suas metas e tarefas para chegar ao estado desejado.

Não recomendo trabalhar com perguntas programadas, pois não levam em consideração a dinâmica e o conteúdo personalizado dos atendimentos. Além disso, quando você segue rigorosamente um roteiro, distancia-se do rapport de alma.

A importância de fazer perguntas poderosas em um processo de coaching é que, quando isso acontece, o coachee vai buscar respostas a partir de uma nova perspectiva ainda não explorada, já que não havia pensado sobre o assunto anteriormente. Isso permite uma ampliação de consciência, incluindo prováveis novas respostas comportamentais, favorecendo o alcance da meta estabelecida no processo de coaching.

Prefiro mostrar como se fazem perguntas poderosas em vez de tendenciosas.

Uma pergunta poderosa tem as seguintes características:

- Não é baseada em preconceitos nem julgamentos.

  Lembre-se: coaching não é consultoria. Seu papel é o de ajudar seu coachee a ter clareza sobre algo. Dessa forma, não crie opiniões ou conceitos e nem aja a partir disso. Ao contrário, faça perguntas abertas para ajudar seu coachee nesse sentido.

- Requer que o coach esteja em rapport de alma.

  Como já foi dito anteriormente, rapport de alma é um estado de presença e conexão profundas, sem envolvimento empático. Por ser um dos tripés do método, é essencial que você desenvolva essa habilidade para fazer perguntas poderosas.

- Tem foco na solução dos problemas.

  Pergunte o que a pessoa deseja em vez do que não quer mais. Lembre-se de que o processo de coaching tem foco no futuro. A finalidade é que seu coachee alcance o objetivo apesar dos obstáculos que surgirem.

- É breve e clara.

  Não rodeie nem explique demais. O objetivo é trazer clareza ao seu coachee. Então seja breve e claro nas perguntas.

- Não são feitas na primeira pessoa ("eu" ou "nós").

  Seu coachee é o protagonista no processo, como dito em momentos anteriores, assim, o seu conteúdo não é necessário dentro de um processo de coaching porque o objetivo é ele, o coachee, alcançar o objetivo proposto.

- Causa impacto no coachee.

  Perguntas poderosas normalmente fazem o coachee refletir sobre algo que ainda não havia pensado. Isso causa impacto na outra pessoa.

- É feita com segurança.

  Através dos neurônios-espelho, seu coachee sabe quando você está seguro ou não a respeito de algo ou alguém. Dessa forma, confie no método e faça com tranquilidade e segurança qualquer pergunta.

- Organiza as ideias e traz clareza.

  O objetivo das perguntas poderosas é trazer insights, ideias e clareza sobre onde se está, onde se deseja chegar e qual o caminho a ser trilhado. Use e abuse disso.

  Para saber se você fez realmente uma pergunta poderosa, observe algumas pistas sensoriais para saber se está no caminho certo:

- O coachee tende a abrir os olhos, num semblante de surpresa, dilatando as pupilas.

  Essa pista fisiológica aponta que o coachee ainda não havia pensado a respeito e ficou surpreso, o que significa que você está no caminho certo.

- A pergunta é seguida de um silêncio poderoso, pois o coachee nunca havia pensado da forma apresentada.

Como o seu coachee não havia pensado sobre o tema da pergunta, é comum que ela seja seguida por um silêncio. É importante que você respeite essa quietude e se acostume com ela. Num Processo de Coaching de Excelência, o silêncio vai acontecer em alguns momentos. E isso é um indicador de que você está fazendo bem o seu trabalho.

Numa sessão você deve evitar:
- Perguntas focadas no passado, na procura pela causa do problema.

Lembra que coaching é foco no futuro? Então é voltadas para lá que devem estar suas perguntas.

- Perguntas sobre a opinião de terceiros.

O protagonista do processo é seu coachee. Isso significa que a opinião de terceiros não é necessária. É claro que seu coachee pode consultá-los, mas o seu papel como coach é trazê-lo para a autorresponsabilidade.

- Perguntas fechadas, que são respondidas apenas por "sim" ou "não".

Perguntas fechadas permitem pouca reflexão. Dessa forma, devem ser utilizadas apenas quando não houver outra alternativa.

- "Por que" de baixo desempenho.

Toda vez que você pergunta o porquê de algo, necessariamente a resposta será uma crença a respeito da questão. Sendo assim, quando o fizer, é importante que saiba que a resposta trará o fortalecimento do senso de certeza de que o seu coachee consegue, pode e merece alcançar o objetivo.

Apesar de não serem obrigatórias nem deverem ser seguidas como roteiro, a seguir encaminho alguns exemplos de perguntas poderosas e o momento de sua utilização:

Objetivo	Pergunta
Para refinar a meta	O que precisa acontecer para você saber que chegou lá?
Para checar valor, medir e especificar o compromisso	De 1 a 10, em que 1 é a menor nota e 10 a maior, como você avalia... (seu comprometimento, sua satisfação...)
Quando o coachee diz "não sei"	Se você soubesse ou não tivesse nenhum obstáculo, o que faria?
	Quem você conhece pessoalmente ou já ouviu falar que conquistou esse resultado?
Quando você não sabe o que perguntar	Se você estivesse sozinho, como numa sessão de coaching, qual seria a pergunta que se faria agora?
Quando o coachee está envolvido demais no problema	O que você acredita que seja o problema?
	Se houvesse uma terceira pessoa, o que ela iria observar sobre o problema?
Para definir um plano de ação	Imagine como seria a sua semana perfeita para o objetivo proposto. Quais são as três ações mais simples e imediatas que permitem que conquiste essa realidade?
Para escolher entre duas opções	Quando for uma meta: Qual das duas opções você quer PRIMEIRO?
	Quando for uma crença: O que fazer para ter tanto uma opção quanto a outra?
Quando o coachee estiver sem motivação para agir	Quem é você quando está animado e cheio de energia? (Buscar recursos.) Qual conselho essa versão de você mesmo te dá para ter motivação neste momento?
Para o coachee reconhecer seus avanços e celebrar	Do que você mais se orgulha dos resultados conquistados até aqui?
Quando o coachee está muito negativo	Como pode melhorar?

Importante: use suavizadores

Esse recurso faz que suas perguntas sejam realizadas de maneira natural e com rapport de alma.

- Estou curioso...

- Só por um momento...

- Vamos supor que...

- Seria aceitável trabalhar com isso?

- Se fosse possível, como seria...

ESTRUTURA LÓGICA DE ATENDIMENTO

O terceiro e último pilar do método é a estrutura lógica de atendimento. A partir do uso da metodologia, você vai compreender o que fazer em cada um dos encontros baseado no passo a passo da lógica do processo de coaching.

Foi aplicando exatamente o passo a passo que a Marina fechou um coaching justamente entre o Natal e o Ano-Novo. Além disso, mais recentemente a Carlinha faturou 40 mil reais só em novembro. E o que ela fez? Seguiu à risca o Método Excelência em Coaching.

Um dos casos de sucesso que mais gosto de contar é o da Wandermara. Quando conheceu o Método, ela atuava exclusivamente como psicóloga e atendia praticamente só coachees de convênio. Ela morria de tanto trabalhar para não ter nenhum retorno financeiro.

Usando cada uma das etapas aqui apresentadas, ela passou a conquistar coachees porque o nível dos seus resultados aumentou. Ela aplicava o passo a passo da entrevista de coaching e conduzia processos tão transformadores que ficou fácil lotar sua agenda de atendimentos de coaching e ter qualidade de vida.

Toda ferramenta de coaching é uma sequência de perguntas poderosas. No início, você vai precisar utilizar modelos de ferramentas preexistentes, como as que sugerimos aqui ou qualquer outra que possa se adequar à etapa em que você estiver com seu coachee. No entanto, com a prática do rapport de alma e da elaboração de perguntas verdadeiramente poderosas, você vai perceber que será necessário utilizar cada vez menos ferramentas e templates preestabelecidos.

A estrutura lógica permite que você tenha em mãos o passo a passo, o protocolo para atender em qualquer processo de coaching.

Mas fique tranquilo, neste livro você vai encontrar várias indicações de ferramentas para que use enquanto não se sentir pronto para fazer um atendimento exclusivamente com os três pilares do Método Excelência em Coaching.

RESUMO

Para conduzir um processo de coaching com excelência e garantir a transformação das pessoas, é preciso dominar bem os três pilares do Método Excelência em Coaching. Com a prática, eles vão lhe permitir se libertar totalmente das ferramentas e ter cada vez mais resultados em seus processos.

1. Rapport de alma: uma conexão profunda com seu coachee, que permite que você foque totalmente em sua comunicação, com a intenção genuína de ajudar.

2. Perguntas poderosas: a base de uma sessão de coaching são as perguntas. Saber fazer as perguntas certas, de forma certa, no momento certo é essencial para promover a transformação na vida das pessoas.

3. Estrutura lógica de atendimento: visão geral do processo de coaching, em que os dois outros pilares se complementam para garantir uma transformação poderosa e genuína em seus coachees.

QUESTÕES PARA REVISÃO

1. O que é rapport de alma?
2. Como se estabelece o rapport de alma?
3. Qual é a diferença entre rapport de alma e empatia?
4. Como se define campo mórfico?
5. Qual é a metáfora que melhor explica o conceito de campo mórfico?
6. Qual é a base de qualquer processo de coaching?
7. Como se caracteriza uma pergunta poderosa?
8. O que são suavizadores?
9. Por que é preciso compreender a estrutura lógica de qualquer atendimento?

Manual do coach de excelência

CASO PARA VOCÊ SE INSPIRAR

Veja o depoimento da Larissa, participante da comunidade de alunos:

"Hoje concluí o processo com a coachee que venho relatando. Fiz a quinta etapa, apliquei a correção de rota e foi fantástico. Adorei essa ferramenta! Até mesmo eu, como coach, tive a clareza de todo o processo de uma forma simples e estruturada. O feedback da coachee foi emocionante. Nessa etapa meu grande aprendizado foi a emoção de conseguir ver o quanto somos capazes de ser luz na vida das pessoas. Gratidão, Channa. Bjs"

PARA PARTICIPAR DA COMUNIDADE EXCELÊNCIA EM COACHING E TAMBÉM RELATAR SUAS EXPERIÊNCIAS COM O USO DO MÉTODO E DO MATERIAL COMPLEMENTAR, ACESSE: HTTP://BIT.LY/COMUNIDADEALUNOS.

A felicidade da sua vida depende da qualidade dos seus pensamentos.

Marco Polo

6. PROTOCOLO
DE ATENDIMENTO

Protocolo é um conjunto de normas e processos que devem ser seguidos para garantir que um resultado aconteça. Como dito em momento anterior deste livro, todo profissional que lida com vidas, como médico, enfermeiro, psicólogo, coach, entre outros, deve seguir um passo a passo que garanta a qualidade do atendimento.

Um protocolo não é uma lei nem mesmo uma regra. Isso porque precisa ser flexível e se adaptar às situações que aparecem. Devem nortear a ação de um profissional, para que ele não precise tomar muitas decisões ao mesmo tempo e acabe perdendo o *timing* para, de fato, fazer o que precisa ser feito.

É impossível prever como o paciente entrará num pronto-socorro. Será alguém que se envolveu em um acidente de carro? Ou que levou uma facada na coxa? Ou está com gripe? Também não existem cálculos avançados que possam afirmar com certeza qual será o próximo paciente. Por isso, leis e regras não funcionam num ambiente cheio de incertezas.

Da mesma forma, não há como prever como o coachee chegará a uma sessão. Já tive casos de pessoas que acabaram de saber da perda de um ente querido, que sofreram um assalto. Enfim, que estavam passando por diversas questões.

Assim percebi que, para realmente ter segurança e preparo para atender qualquer tipo de pessoa, o coach precisa ter em mãos um protocolo, não um livro de regras, muito menos orientações gerais.

Se por um lado não se pode controlar o resultado de uma sessão de coaching, por outro é possível criar um padrão de conduta que seja regido por ética e profissionalismo, de forma que possa trazer segurança para o coach atuar e tranquilidade para o coachee que procura o profissional.

Ao longo de quase duas décadas lidando com gente e atendendo milhares de pessoas em sessões individuais e em grupos como coach, exclusivamente, desenvolvi um protocolo, um padrão de conduta.

Esse conjunto de passos foi testado e validado por coaches tanto do Brasil quanto do exterior que tive a oportunidade de supervisionar pessoalmente para que tivessem resultados significativos para seus coachees.

Não importa qual o formato (presencial, on-line, individual ou em grupo) nem o tipo de atendimento (Life, Business ou Executive). Quem utilizou o protocolo teve excelente resultado em todos eles, garantindo a transformação na vida de todas as pessoas atendidas.

O protocolo foi dividido em dois processos. O primeiro são os sete passos para você promover uma sessão de coaching transformadora do início ao fim, conforme verá no próximo capítulo.

O segundo são as cinco etapas para você garantir a transformação na vida das pessoas, caso elas estejam prontas para participar de um processo de coaching. Em cada uma das etapas você terá a oportunidade de ver a evolução do seu coachee, sem dependência de ferramentas, mas, ao mesmo tempo, com uma estrutura lógica de atendimento para que você se sinta seguro para atender qualquer pessoa, independente de idade, gênero, renda, posição social etc.

Nas próximas páginas, você irá acompanhar detalhadamente o uso do Método Excelência em Coaching, passo a passo, em formato de protocolo, para você atender sem medo, com plenas condições de ajudar quem o procurar, de forma ética e profissional.

Além de acessar o passo a passo do protocolo de atendimento neste livro, você também poderá tê-lo em forma de videoaulas ou no programa de supervisão, conforme explico ao final desta obra.

Para ter sucesso como coach, basta ter acesso ao Protocolo de Atendimento para Coaches e ao acompanhamento de um profissional experiente – para saber lidar com as imprevisibilidades do dia a dia.

RESUMO

Como executiva de uma organização líder em seu setor, percebi que todos os profissionais de sucesso, em qualquer área, têm em mãos um protocolo, que define a estrutura lógica de trabalho, para ter resultados melhores e mais rápidos.

Com o coach não poderia ser diferente. Por isso desenvolvi, testei e validei o Protocolo de Atendimento para Coaches, aplicável a qualquer tipo e formato de atendimento.

Neste manual, descrevo detalhadamente o Protocolo de Atendimento para Coaches, que irá ajudar você a se sentir preparado para atender a qualquer caso e transformar a vida das pessoas.

No entanto, para saber lidar com as dificuldades do dia a dia e as imprevisibilidades dos atendimentos, é preciso o acompanhamento de um profissional mais competente, mostrando a melhor forma de seguir a jornada do coach de excelência.

QUESTÕES PARA REVISÃO

1. Como um protocolo pode ajudar um profissional?
2. Por que o Protocolo de Atendimento para Coaches se adapta a qualquer tipo e formato de atendimento?
3. Quais são as duas subdivisões do Protocolo de Atendimento para Coaches?
4. Por que o Protocolo de Atendimento para Coaches sozinho não é capaz de garantir o sucesso do coach?

CASO PARA VOCÊ SE INSPIRAR

Veja o testemunho da Letícia, participante da comunidade de alunos:

"Mais uma etapa cumprida... roda com loveback com a minha coachee e exercício de valores. Primeira etapa de autoconhecimento concluída.

Esta semana terei mais dois coachees. Aprendizados: o quanto esses exercícios deixam a pessoa poderosa. A sessão começou com frustração e terminou com sorriso e um 'Vamos lá!!!! Eu posso'. Gratidão."

> **PARA PARTICIPAR DA COMUNIDADE EXCELÊNCIA EM COACHING E TAMBÉM RELATAR SUAS EXPERIÊNCIAS COM O USO DO MÉTODO E DO MATERIAL COMPLEMENTAR, ACESSE: HTTP://BIT.LY/COMUNIDADEALUNOS.**

O que vale na vida não é o ponto de partida, e sim a caminhada. Caminhando e semeando, no fim terás o que colher.

Cora Coralina

7. PASSO A PASSO DE UMA SESSÃO DE COACHING DE EXCELÊNCIA

Ao longo dos anos, em mais de 8 mil horas de atendimento e acompanhando pessoalmente coaches do Brasil e do exterior, senti a necessidade dos meus alunos de ter em mãos um protocolo para conduzir uma sessão de coaching realmente transformadora. Trata-se de sete passos muito bem definidos.

A duração de cada passo depende de cada sessão e do momento atual do coachee. Pode ser menos de cinco minutos ou até uma hora inteira. O importante é realizar todos os passos. A natureza não dá saltos, mas podemos ir mais rápido e de forma mais eficiente.

Com esse passo a passo, você vai atuar com segurança e transformar vidas. No fim de cada encontro com o coachee, você vai ter aquela sensação de vitória ao perceber que tudo deu certo e que usar o método valeu muito a pena.

Com o tempo, o passo a passo se tornará tão natural que você nem vai perceber que o está usando! Mas, no início, a dica é você fazer uma colinha para garantir que vai passar por cada um desses momentos, realizando uma sessão verdadeiramente poderosa com seu coachee.

A importância de ter um passo a passo é que a sessão não fica solta. Você se sente seguro e o seu coachee também, porque percebe um processo estruturado.

Foi justamente com esse passo a passo que ajudei um coachee a resolver um problema de 8 milhões de reais que o incomodava há vinte anos. Ele dirigia uma grande empresa e não sabia como garantir a continuação do empreendimento que construiu após sua aposentadoria. Ficava dividido, preso num dilema entre deixar a empresa para seus filhos ou vender a um desconhecido.

Durante a sessão, ele teve maior clareza da sua situação atual e percebeu outras várias opções que tinha em mãos. Afinal, este é um dos principais papéis do coaching: abrir um leque de possibilidades. Ele tomou a decisão que não conseguiu antes e vendeu a empresa.

Vamos aos sete passos do protocolo de uma sessão de coaching completa:

PASSO 1 - SMALL TALKING

Para fortalecer o rapport de alma, é ideal conduzir uma conversa informal introdutória. Como o nome mesmo diz, deve ser uma conversa bem curta, de menos de cinco minutos.

O que importa nesse momento é se conectar e criar um vínculo de simpatia mútua em que você entra no mundo dessa pessoa e deixa claro que você a entende.

Caso você não passe por esta etapa, o coachee pode não se sentir conectado com você e não se engajará na sessão. E para que esse contato seja verdadeiro, você precisa estar 100% presente. É o momento de silenciar sua mente. Enquanto o coachee fala, vá exercitando sua escuta ativa: ouça com os cinco sentidos. Cada detalhe de sua postura e suas expressões não verbais têm de mostrar sua compreensão e atenção.

PASSO 2 - FOLLOW-UP

Enquanto o primeiro passo é mais tranquilo, uma conversa sobre amenidades, o follow-up é o momento de validar quais tarefas propostas no encontro anterior o coachee fez ou não.

Como você reage às respostas nesse momento é muito importante. Caso os objetivos tenham sido cumpridos, seja positivo e dê os parabéns até mesmo pelas pequenas realizações.

Mas, se algumas coisas não foram feitas, é hora de perguntar sobre os motivos. Eu sempre digo que nesse instante o julgamento não é bem-vindo. O que quero dizer com isso? Não deixe seu coachee desconfortável com uma expressão ou uma fala desaprovadora. Apenas indague o que o impediu de cumprir as tarefas e o ajude a organizar as ideias. Nesse caso, é importante perguntar também se faz sentido para ele manter a tarefa ou se há a necessidade de fazer algum ajuste.

Ainda não é o momento de definir se a tarefa será mantida ou alterada. Isso vai acontecer em um passo mais adiante. Apenas identifique se seu coachee quer modificar a tarefa não cumprida.

Ao retomar as tarefas, é importante que o coachee perceba a continuidade do processo e o seu planejamento para aquele trabalho. Aliás, essa é uma das vantagens de ter um protocolo para uma sessão de coaching, seu coachee perceber sua organização e seu preparo. Isso gera, além de segurança, a percepção do seu profissionalismo.

Caso o coachee tenha feito todas as tarefas com rapidez e facilidade, você deve levá-lo a uma reflexão sobre sua evolução e como aquilo transformou a vida dele. O mais importante é que ele perceba os aprendizados daquela jornada.

O objetivo central deste passo é checar se seu coachee precisa de mais ajuda e recursos ou se está tudo ok. Tenha atenção com tarefas mais longas, que podem precisar de mais incentivo.

PASSO 3 – EDUCAÇÃO

Este também é um passo curto, no qual você deve trazer algum ensinamento ou conteúdo relevante para ajudar seu coachee.

Por exemplo, se seu coachee está trabalhando com produtividade, você vai informá-lo que a partir daquele instante vão trabalhar juntos numa ferramenta e explicar como ela é indispensável para ajudá-lo a organizar seu tempo.

O objetivo é preparar o seu coachee para a importância da parte que virá em seguida. Mesmo que isso possa ser feito em menos de dois minutos, ainda assim é muito relevante para que a sessão flua.

A minha dica final é: prepare seu conteúdo antes da sessão, para que durante a condução você esteja seguro e presente, fazendo o rapport de alma e focado nas necessidades de seu coachee.

PASSO 4 – DESENVOLVIMENTO DO TEMA DA SESSÃO

Este é o passo principal da sessão de coaching. Até agora você preparou o terreno para que esta etapa seja a mais proveitosa possível.

Aqui você vai aplicar as técnicas necessárias (perguntas poderosas, dinâmicas, induções, ferramentas, entre outras) para conduzir seu coachee no processo de transformação. Neste passo, o rapport de alma é essencial para que você se concentre 100% nas reações e respostas do seu coachee. Foque as necessidades dele.

O objetivo deste passo é fortalecer os recursos do coachee para ele seguir na jornada de desenvolvimento pessoal com segurança e confiança.

PASSO 5 - REDEFINIÇÃO DE TAREFAS

Enquanto as outras etapas servem para focar o que já passou e a sessão propriamente dita, neste passo vocês partem para a ação, definindo as próximas tarefas. É muito importante que as tarefas sejam específicas.

Vou dar um exemplo para clarear sua mente. Suponha que seu coachee diga que quer se sentir melhor perto do chefe dele. Será que isso é específico? Não!

A dica que sempre dou é: pense em um retrato. Um sentimento ou uma intenção não pode ser capturado e a tarefa tem de ser algo que você possa filmar ou fotografar.

A tarefa precisa ser **ação**. Grave bem essa frase. Voltando ao exemplo, você poderia perguntar: "Qual comportamento você tem que te dá a certeza de que você se sente bem sentado perto do seu chefe?". Talvez a resposta possa ser olhar o chefe nos olhos enquanto conversa ou não evitar encontrar com ele pelos corredores..

Não há um número ideal de tarefas a serem elaboradas, pois isso varia de um coachee para outro. Evito ter uma lista muito longa, com mais de cinco tarefas, mas isso pode mudar dependendo do tempo e da etapa do processo e do comprometimento do coachee.

O objetivo é sair da sessão com uma ou um conjunto de ações que vai ajudá-lo a dar o próximo passo na jornada de transformação dele.

PASSO 6 - ECOLOGIA

Para evitar que o coachee não se engaje nas tarefas, é essencial checar a ecologia das ações definidas.

Ecologia é quando algo é orgânico e faz sentido para o coachee e os sistemas em que ele está inserido. Depois de definir as tarefas, é essencial fazer algumas perguntas para seu coachee e confirmar a lógica delas.

Questione se as tarefas fazem sentido para ele e para as pessoas próximas a ele, como cônjuge, filhos, pais, colegas de trabalho, superiores, equipe.

É importante identificar as resistências, internas e externas, para a realização das tarefas. A taxa de sucesso é drasticamente reduzida quando a tarefa definida vai contra o interesse de outra parte envolvida ou não é muito confortável para o próprio coachee.

Aqui, é muito comum usar a pergunta "De 1 a 10, quanto você daria para seu nível de comprometimento para essas tarefas?".

Para qualquer nota abaixo de 8, mais uma questão: "O que pode ser ajustado para aumentar seu nível de engajamento?".

O objetivo é checar interferências e, se necessário, reelaborar as tarefas para que sejam ecológicas e harmoniosas com os sistemas em que o coachee está inserido.

PASSO 7 - FINALIZAÇÃO

Chegamos à última etapa da sessão de coaching verdadeiramente poderosa. Como você já sabe, o objetivo de todo esse processo é a transformação. E nos minutos finais aproveito para perguntar sobre o aprendizado mais relevante da sessão.

Esse é o momento em que o coachee reorganiza as ideias, identifica os ganhos da sessão e percebe com clareza sua evolução ao longo do processo. Nosso cérebro tende a menosprezar o avanço obtido, então é muito importante ressaltar os ganhos e a evolução alcançada.

Esse também é o momento certo de pedir um feedback para seu coachee. Questione se teve algo que precisa ser melhorado ou se em algum momento você poderia ter abordado mais ou menos um assunto.

Algumas vezes o coachee pode ficar relutante em fazer um comentário negativo, por isso faça perguntas mais específicas sobre seu desenvolvimento. Também tente refletir bastante sobre as sessões anteriores e identificar seus próprios pontos de acerto e melhorias.

O objetivo deste passo é validar o trabalho realizado e dar clareza sobre a evolução na jornada rumo ao estado desejado.

Como sempre digo: a prática é a mãe da excelência. Na primeira vez que for aplicar este passo a passo, provavelmente terá algumas dificuldades, dúvidas ou incertezas. Ainda assim é preciso ter firmeza e seguir as etapas com determinação, até que possa fluir de forma natural.

Por ser um roteiro, você não deve se prender ao passo a passo, mas usá-lo como uma estrutura lógica, que vai lhe permitir ter uma maior flexibilidade para agir de forma mais criativa e eficaz.

RESUMO

Antes de conhecer o roteiro de todo o processo de coaching, é preciso entender a estrutura de uma única sessão, independentemente de qual etapa do Método Excelência em Coaching esteja no momento.

1. Small talking: para quebrar o gelo e fortalecer o rapport de alma;
2. Follow-up: checar as tarefas que foram feitas e a evolução entre as sessões;
3. Educação: acrescentar alguma informação ou conhecimento ao processo para que o coachee compreenda e se engaje no passo seguinte;
4. Desenvolvimento: ponto central da sessão. É nesse momento que as técnicas e ferramentas são aplicadas, de acordo com cada etapa;
5. Redefinição de tarefas: com base nos passos 2 e 4, novas tarefas são definidas para a próxima sessão;
6. Ecologia: para garantir o engajamento do coachee, cheque como as tarefas e os objetivos irão impactar pessoas próximas a ele;
7. Finalização: momento de reorganizar as ideias e ter clareza sobre os ganhos obtidos e a evolução alcançada.

QUESTÕES PARA REVISÃO

1. Quantos passos têm uma sessão regular de coaching de excelência?
2. Qual é a duração dos passos?
3. Por que é importante ter um passo a passo validado para conduzir uma sessão de coaching?
4. De que forma o small talking contribui para o sucesso da sessão de coaching?
5. Durante o follow-up pode-se definir tarefas? Justifique.
6. Qual é o objetivo central do follow-up?
7. Como se prepara o coachee para a parte principal da sessão?
8. Em que momento o coach aplica as técnicas e ferramentas de coaching?
9. O que é importante no passo de redefinição de tarefas?
10. Dentro de um processo de coaching, o que é ecologia?
11. Qual é a última etapa de uma sessão de coaching?

CASO PARA VOCÊ SE INSPIRAR

Veja o testemunho da Carla, participante da comunidade de alunos.

"Mais uma sessão com minha coachee. Ela já passou pela etapa do autoconhecimento, valores e crenças, agora estamos na etapa de estratégias. É impressionante como o método é excelente mesmo, quando seguimos nosso trabalho com amor, metodologia e rapport não tem o que errar. Ela já está seguindo as tarefas dessa etapa com bastante sucesso e já sentindo os resultados em sua vida!! Feliz demais!!! Amo-te, Channa Sanches Vasco e minha gratidão é imensa! Eu sei que o próximo ano me promete e se realizarão muitas coisas boas! 😊"

> **PARA PARTICIPAR DA COMUNIDADE EXCELÊNCIA EM COACHING E TAMBÉM RELATAR SUAS EXPERIÊNCIAS COM O USO DO MÉTODO E DO MATERIAL COMPLEMENTAR, ACESSE:**
> **HTTP://BIT.LY/COMUNIDADEALUNOS.**

Não espere por uma crise para descobrir o que é importante na sua vida.

Platão

8. ENTREVISTA DE COACHING

Antes de começar o atendimento, é preciso conduzir uma entrevista de coaching. Gostaria então de explicar o conceito por trás dessa primeira conversa com o possível coachee.

Como é um encontro para você entender melhor a necessidade do outro e ele conhecer sobre o seu trabalho e o funcionamento do processo de coaching, prefiro chamá-lo de "entrevista". Até porque é como uma entrevista de emprego, em que as duas partes se conhecem para ver se realmente é o momento de seguirem juntas.

Isso lhe dá a autonomia de recusar o outro como coachee, afinal o coaching não é a solução para todas as situações. É importante que você tenha em mente com muita clareza que coaching não é para todo mundo, nem todo mundo é para o coaching.

Como uma entrevista não é um processo de venda, como uma cotação ou um orçamento, o coachee em potencial tende a se sentir mais à vontade para descrever sua situação e seus desejos.

Não utilizamos o termo "sessão inicial" porque dá a entender que já é a primeira sessão do processo de coaching, e não é verdade. Nomear assim é extremamente negativo, pois o coachee sai com uma noção errada sobre o processo de coaching, afinal essa conversa não representa um resumo da capacidade transformadora que o coaching possibilita.

Também não empregamos o termo "sessão experimental" porque o termo "experimentar" dá a entender que, ao final, apenas o coachee decide se segue ou não o processo, e você verá que não é assim que funciona.

Além disso, em ambos os casos tem-se a impressão de que a conversa tende a ter um tom mais comercial, em que o outro precisa decidir se continua ou não... e isso costuma travar a conversa, que deveria ser solta. Como é frequentemente gratuita, ao chamar esse encontro de "sessão inicial" você estará desvalorizando todo o processo. O coachee em potencial pode pensar: "Se a sessão inicial é gratuito, as outras devem ser baratas". E, pior, as pessoas não dão valor, na maioria das vezes, ao que é barato.

Também detesto quando chamam essa conversa de "sessão matadora". Não recomendamos o uso dessa terminologia. Gente, você quer matar quem?! O potencial coachee não é um pedaço de carne a ser devorado. Sei que não é a intenção ao usar esse termo, mas chega a ser ofensivo e muito agressivo.

Trata-se de um ser humano que precisa de ajuda. E nem sempre um processo de coaching é a melhor forma de ajudar. Frequentemente encaminho pessoas que fazem a entrevista de coaching para outras áreas, como a constelação, a psicoterapia ou a psiquiatria.

O objetivo da conversa não é ficar empurrando um processo de coaching que pode não ser o caminho para ajudar determinada pessoa, mas sim entender a necessidade do outro e ajudá-lo da melhor maneira possível.

Já ouvi comentários do tipo: "Mas aí você está perdendo a chance de ter mais coachees" ou "Você está trabalhando para os outros ganharem". Lembre-se: o Universo dá mais do mesmo. Você pode até perder um coachee agora, mas no longo prazo estará ajudando verdadeiramente as pessoas que chegarem até você – e isso não tem preço.

Então sempre chamo essa primeira conversa de "entrevista de coaching", o que deixa bem claro o objetivo do encontro: apresentar as partes para identificar se o melhor é mesmo seguirem juntas. Isso também aumenta consideravelmente o engajamento do coachee ao longo do processo.

O ponto central da entrevista é definir se o coachee é coachable e se o processo de coaching é a melhor forma de ajudá-lo.

Outro ponto importante não só na entrevista de coaching, mas em todo o processo, é estabelecer um rapport de alma.

Então, recapitulando:

- Conduza a conversa como se fosse uma entrevista, na qual cada uma das partes busca se conhecer;

- Estabeleça rapport de alma;

- Identifique se o coachee em potencial é coachable.

Esses pontos são essenciais para o sucesso da entrevista de coaching.

COACHABLE

Antes de começar qualquer atendimento, é importante definir se o provável coachee é coachable. Ou seja, se ele está realmente pronto para participar de um processo de coaching. Porque, como você sabe, o coaching não é para todo mundo, nem todo mundo precisa de coaching.

Como o coaching é um processo focado no futuro, para, a partir do momento presente, alcançar um estado desejado, qualquer sinal de depressão, ansiedade em alto grau ou questão psíquica ou psicológica é um ponto de atenção.

Não atendo nem recomendo que você atenda coachees com provável necessidade de ajuste químico ou abalados demasiadamente pelo lado emocional. Isso porque é necessário o diagnóstico, que só pode ser realizado por um médico. Após essa avaliação, daí você segue se for o caso.

O coachee coachable é aquele que tem foco no presente, autorresponsabilidade e disposição de fazer um investimento de tempo, energia e dinheiro para alcançar seu objetivo.

Já quem não é coachable não apresenta uma ou mais dessas características de forma acentuada, e assim talvez precise de outro tipo de ajuda que a do processo de coaching num primeiro momento.

É importante que você, ao identificar qualquer sinal que lhe cause dúvida, tenha uma conversa muito franca com seu potencial coachee, e, em pleno estado de rapport de alma, sugira que ele, primeiro, procure outro tipo de suporte, com profissionais mais adequados para ajudá-lo no contexto pelo qual está passando, e, depois, num momento mais oportuno, que ele volte a conversar com você. Dessa forma, seu coachee vai se sentir respeitado e acolhido, como de fato ele deve e merece se sentir.

COMO SABER SE O SEU COACHEE É COACHABLE

A melhor maneira de descobrir se essa pessoa está passando por algum desequilíbrio emocional e/ou químico é perceber em suas falas e respostas o nível de comprometimento para alcançar o seu objetivo.

Perceba a forma como ela aborda seus sonhos e desejos e ao que ela atribui não ter alcançado ainda esses objetivos, qual a sua percepção de responsabilização pelos seus resultados.

Se a pessoa começar a falar muito do passado e você perceber que ela tem a vida calcada no que já aconteceu ou está muito ansiosa pelo que vai acontecer no futuro, talvez esse não seja um bom momento para ela entrar nesse programa com você.

Colocar toda a culpa pelos resultados dela em terceiros também aponta que pode não ser o momento de iniciar um processo de coaching. No entanto, é importante que você fique atento, pois a única pessoa que pode fazer um diagnóstico de depressão e síndrome de Burnout, por exemplo, é um médico.

Assim, se você ou o seu coachee tiver qualquer dúvida em relação à saúde emocional dele, é importante você orientá-lo a passar por um especialista que poderá ajudá-lo com mais precisão.

Outro aspecto a que você deve estar atento é a forma de responsabilização do seu coachee, isto é, perceber se ele não age com protagonismo e, em vez disso, fica responsabilizando terceiros por sua situação atual, seja pessoas da família, amigos, pessoas do seu trabalho, seja situações externas. Talvez o acompanhamento com um terapeuta, em associação, seja interessante, dependendo do nível em que isso aconteça.

É comum que o coach se sinta inseguro para dizer ao seu coachee que não vai atendê-lo naquele momento, afinal dá um "medinho" de ele não voltar, falar mal de você ou qualquer coisa do tipo. E às vezes o coach está sem muitos coachees, por isso não quer perder a oportunidade de um coachee pagante.

Para que você se sinta mais à vontade e compreenda a importância dessas escolhas na sua jornada, quero compartilhar com você uma experiência que tive.

Há algum tempo, em um evento, conheci uma pessoa que gostaria de saber como funcionava meu trabalho, e, aplicando o que ensinei aqui, como de praxe, marquei uma entrevista com ela.

Durante a entrevista, conversamos para que ela pudesse perceber com mais clareza do que precisava naquele momento. Foi então que ela me contou que estava passando por um momento de perda bastante difícil – além de ter mencionado um quadro de depressão no passado – e que naquele momento de luto se sentia totalmente fragilizada.

Minha orientação a ela foi que o melhor naquele momento era procurar um psiquiatra. Nem ela nem eu sabíamos se realmente aquele estado era uma depressão, não éramos capazes de fazer esse diagnóstico. E, nesse sentido, a melhor atitude a se tomar seria procurar um médico, que, além de estar habilitado para fazer essa avaliação, poderia promover um ajuste químico, caso precisasse.

Eu a encaminhei a um psiquiatra da minha confiança e pedi que ela marcasse consulta e batesse um papo com ele. Depois de oito meses, com tratamento adequado, ela voltou para retomar o processo de coaching. E conclusão: fez uma bem-sucedida transição de carreira como resultado do processo de coaching que iniciamos.

Caso o coachee não volte, é porque resolveu de outra maneira, mas perceberá que seu trabalho é baseado numa postura ética e não hesitará em recomendá-lo. Por isso, fique tranquilo, você só tem a ganhar se agir assim.

Moral da história: não tente dar diagnósticos, isso não compete ao coach.

COMO FAZER UMA ENTREVISTA DE COACHING

Essa é basicamente a única ferramenta que indico a meus alunos. E oriento a seguir à risca cada um dos passos, pois tudo está interligado e tem uma única linha de raciocínio. Não tente misturar. Lembre-se, primeiro a ciência, depois a arte.

O passo a passo de A Grande Jornada, desenvolvido por Bruno Juliana e adaptado por mim, vai deixar muito claro para o seu potencial coachee como o processo de coaching vai fazer que alcance seus sonhos e desejos muito rapidamente.

Veja a seguir o template dessa ferramenta:

O primeiro passo é o potencial coachee definir o nome da jornada, que é a visão de seu estado desejado.

Ferramenta: A grande Jornada

Fonte: Abracoachinf

CLIENTE: SESSÃO: DATA:

www.ExcelenciaEmCoaching.com

03 - ATIVIDADES RECORRENTES	02 - OBJETIVOS	01 - DESTINO
Atividade	Três metas tangíveis	Nome da jornada
Recorrência	Três habilidades a melhorar	Propósito da jornada
Resultados esperados	O que quero me tornar?	Benefícios

Excelência
em Coaching

Peça que ele se imagine lá no futuro:

- Como ele estará?

- Quem o verá?

- O que ele estará vendo, ouvindo e sentindo?

Nessa etapa, é muito importante fazer o coachee se imaginar com a maior riqueza de detalhes possível, usando todos os sentidos. Então deve ser definido o propósito da jornada. Você deve entender o que o coachee deseja com o objetivo. É importante listar todos os motivos e as recompensas que o coachee alcançará com essa jornada.

O segundo passo é definir o objetivo da jornada. Peça ao coachee para estabelecer quais são as metas (pelo menos três) para alcançar o seu objetivo. Nesse ponto, o ideal são metas simples e de curto prazo para garantir que o coachee esteja no caminho certo.

Em seguida, devem ser definidas quais são as habilidades a melhorar para que se atinja o objetivo. Trabalhe com duas ou três delas.

Também é importante solicitar que o coachee defina quem ele quer ser quando chegar ao destino.

Por fim, a terceira etapa da Grande Jornada é identificar as atividades recorrentes, ou seja, que acontecem com regularidade.

Explore com o coachee o que ele não está fazendo hoje e que, se começar a fazer, vai ajudá-lo a alcançar seu objetivo, ou o que ele precisa parar de fazer para o apoiar no alcance desse objetivo. Nessa etapa o ideal é focar atividades recorrentes (diárias, semanais, quinzenais etc.) e não atividades pontuais.

Então você irá definir os resultados esperados. Seguem algumas sugestões de perguntas ao coachee:

- Quais são as vitórias que você vai ter ao começar a colocar todo esse plano em prática e ele começar a dar certo?

- O que você vai alcançar?

- O que vamos comemorar no próximo encontro se você colocar em prática as ações aqui propostas?

- Que consequências poderão ocorrer se não colocar essas ações em prática?

Aos poucos, você não vai mais precisar utilizar a ferramenta, mas sempre será necessário seguir esses passos após o esquema anteriormente apresentado:

- O entrevistado deve entender que ele tem um problema;
- Ele deve perceber que já tentou resolver o problema sozinho e não conseguiu;
- Você deve mostrar a ele quanto custa não ter o problema resolvido (valor monetário);
- Confortá-lo de que existe uma solução (e você sabe como resolver isso);
- Listar os benefícios de alcançar a realidade desejada;
- Fazer perguntas como se ele já fosse um coachee. Exemplo: "Fale três coisas que precisam acontecer para que você saiba que teve resultado durante o processo de coaching".
- Ajude-o a identificar o que deseja se tornar ao final do processo;
- Isso acontecendo, o que vocês podem comemorar até o próximo encontro?

Pulo do gato:

- Sempre faça seu potencial coachee se imaginar como se já estivesse no processo;
- Não falar o preço e deixar que o coachee pergunte.

Ao final, após identificar que o entrevistado é coachable, explique que, para ter o benefício de participar de um processo de coaching, ele precisa estar disposto a fazer investimento de tempo, energia e dinheiro.

Tempo porque os encontros são quinzenais e têm duração média de uma hora. Dessa forma, ele precisa estar disposto a concordar com esse investimento.

Energia porque, para ter resultados, ele precisa estar disposto a se dedicar, mantendo-se assíduo e pontual, além de realizar as tarefas que ele mesmo irá elencar ao longo do processo. Não existe resultado sem ação.

Dinheiro porque, para ele ter seu acompanhamento, é necessário investir o valor que você determinar como justo.

RESUMO

Entrevista de coaching

- Antes de começar o processo é preciso identificar se a pessoa é coachable e se realmente o coaching é a melhor forma de ajudar.

- Como o coaching é um processo focado no futuro, para, a partir do momento presente, alcançar um estado desejado, qualquer sinal de depressão, ansiedade em alto grau, ou qualquer questão psíquica ou psicológica é um ponto de atenção e, se identificada, provavelmente não seja o momento de fazer um processo de coaching.

- Nesses casos, é importante encaminhar o provável coachee para um profissional para ter o diagnóstico e, depois, voltar para fazer um processo de coaching.

- Para conduzir a entrevista com excelência, é preciso seguir à risca a única ferramenta que ensino, que é A Grande Jornada, para que a pessoa perceba claramente os benefícios de um processo completo de coaching.

QUESTÕES PARA REVISÃO

1. Qual é o primeiro passo antes de começar um atendimento como coach?

2. Por que o primeiro encontro é chamado de "entrevista"?

3. Qual é a diferença entre "entrevista" e "sessão inicial"?

4. Participar de um processo de coaching é sempre a melhor alternativa para a pessoa se desenvolver?

5. Qual é o principal objetivo de uma entrevista de coaching?

6. O que é coachable?

7. Como definir quem está pronto para participar de um processo de coaching?

8. Qual é o principal objetivo da ferramenta aplicada na entrevista de coaching?

9. O que é importante definir na primeira etapa da Grande Jornada?

10. Qual é o resultado da segunda etapa?

11. Em que se deve focar a terceira etapa?

12. Qual é o pulo do gato numa entrevista de coaching?

CASO PARA VOCÊ SE INSPIRAR

Veja o testemunho da Nívea, participante da comunidade de alunos:

"Channa, só para você saber: o coachee de hoje fechouuuuu. Três propostas feitas, três propostas fechadas. Putz, nem acredito.

[...]

São três processos individuais e depois em grupo.

Gratidão. Fiz exatamente como você falou."

**PARA PARTICIPAR DA COMUNIDADE EXCELÊNCIA EM COACHING E TAMBÉM RELATAR SUAS EXPERIÊNCIAS COM O USO DO MÉTODO E DO MATERIAL COMPLEMENTAR, ACESSE:
HTTP://BIT.LY/COMUNIDADEALUNOS.**

Fazer certo até dar certo.

Channa Sanches Vasco

9. ANTES DE COMEÇAR OS ATENDIMENTOS

É muito legal fazer a entrevista de coaching e começar logo a fazer o processo para transformar a vida dos coachees. Mas antes é preciso ter atenção a alguns pontos mais burocráticos para que o processo ocorra de forma tranquila.

ACORDOS DE COACHING

Um dos passos que traz mais transparência e credibilidade para um processo de coaching é acordar o que deve ou não acontecer nele. Esse tipo de procedimento permite que você mostre ao seu coachee um panorama do processo, alinhando, assim, tanto as suas expectativas quanto as do seu coachee em relação a tudo o que pode acontecer e o que é opcional dentro do programa, deixando claras as responsabilidades do coach e as do coachee, o papel de cada um dentro do processo e qualquer outro aspecto que seja relevante.

Ele também traz mais clareza na relação entre você e o seu coachee, já que com os combinados formalizados cada um vai ter bem claro quais são as suas responsabilidades e quais os seus direitos, preservando vocês dois.

Uma vez que você dê ao seu coachee acesso a todas as informações relevantes para o processo, ele terá mais confiança, pois vai perceber que você apresenta o seu trabalho com seriedade e profissionalismo, e, com essa segurança de que o processo vai seguir de maneira ética e responsável, ele ficará mais confortável para se engajar ainda mais, tendo, assim, mais resultados.

Lembrando que o coach que dá resultado consegue mais coachees e mais abundância para sua carreira e seu negócio.

Sendo assim, esses cuidados podem lhe dar a vantagem de ver seu processo terminando tão bem como começou, além da prosperidade que a sua confiabilidade vai gerar.

Esses acordos podem ser formais ou informais. É importante você ter uma versão de cada um deles para atender à preferência do seu público e sempre considerar, neles, aquilo que faz sentido para cada uma das partes.

ACORDOS FORMAIS E ACORDOS INFORMAIS

Os acordos formais são aqueles escritos, feitos diante de procedimentos legais. É necessário que seja redigido por um advogado, para atender a todas as possíveis mudanças na legislação e garantir os direitos do consumidor e procedimentos necessários em um contrato.

Esse tipo de documento é, geralmente, realizado para o coaching empresarial, mas para garantir a segurança que esse modelo de acordo traz, sugiro que sempre opte por fazê-lo.

Já o acordo informal é aquele usado para definir o papel de cada um, no entanto sem grandes formalidades. Nele, devem estar todos os requisitos importantes para que o programa decorra bem e, para validá-lo, você deverá ler cada um dos itens com seu coachee, para que ele possa dizer se concorda com eles ou se são necessárias adaptações.

Conteúdo dos acordos

Direitos e deveres do coach e do coachee

Esses acordos devem compor os compromissos do coachee, como cumprir as tarefas, chegar no horário e participar dos encontros.

Também é importante deixar claro que esse é um programa de autorresponsabilização, em que o coachee é o protagonista do seu processo, tendo 70% da responsabilidade do sucesso do processo.

Caso haja alguma eventualidade, é preciso registrar também, como o compromisso de ler algum material de apoio, ver vídeos ou fazer cursos, se recomendados.

Você também deve deixar claro os seus compromissos no papel de coach, como a ética, o sigilo, o zelo, além do comprometimento de fazer que o coachee sempre saia da sessão melhor do que entrou. Além disso, é importante ressaltar a sua responsabilidade pelos 30% de sucesso do processo, que correspondem à parte metodológica, disponibilização de ferramentas e conhecimentos. O seu coachee também precisa saber que você vai cumprir o papel de se manter atualizado para oferecer o melhor atendimento a ele, e vocês podem acrescentar todos os tópicos que acharem que são importantes para deixar essa relação o mais transparente possível.

Além dos deveres, é interessante ter nesse acordo os direitos de cada um, como os de dar feedbacks, de ter um ambiente sem julgamento e seguro. Além disso, é importante deixar claro que tanto o coachee quanto você, coach, também tem o direito de adiar o processo caso perceba que esse não é o momento mais adequado para realizar esse programa, e você, é claro, poderá acrescentar qualquer outro item que achar importante.

Vale ressaltar que, para estabelecer um contrato formal, deve-se buscar um advogado. Esse termo deve cobrir os seguintes aspectos:

- Responsabilidades do coach;

- Responsabilidades do coachee;

- Duração da sessão, número de sessões e periodicidade;

- Local previsto para atendimento;

- Confidencialidade;

- Quando a empresa for contratante ou houver um terceiro envolvido na relação, que tipo de relatório será apresentado;

- Honorários, prazo de validade e condições de pagamento;

- Período de pré-aviso para que alguma das partes possa interromper ou desistir do contrato.

Regras em relação ao cumprimento do horário

É muito importante que no seu contrato você deixe claro quais serão as regras em relação ao cumprimento de horários e o procedimento em caso de atrasos e ausência nos encontros. Lembrando que aqui não há certo nem errado, você deve colocar o que fizer sentido para você nesse momento da sua carreira.

Seguem algumas sugestões de procedimentos acordados:

Em caso de faltas:

- Considerar sessão dada;

- Pagamento de multa;

- Reagendamento;

- Estabelecer número máximo de ausências.

Em caso de atrasos:

- Manter o período normal da sessão;

- Realizá-la no tempo restante;

- Cancelar a sessão e reagendar;

- Cancelar a sessão e considerar como sessão feita;

- Considerar tempo máximo para atrasos.

Em caso de o coachee não cumprir as tarefas:

- Cancelar processo, caso isso seja recorrente;

- Acumular as tarefas das duas sessões;

- Prosseguir com o processo normalmente e conversar com seu coachee.

Anteriormente apontei algumas possibilidades, você decide se emprega essas ou outras que o façam se sentir mais confortável. O que não pode é fazer como uma coach que relatou sua indignação com um coachee que sempre chegava atrasado nos encontros. Estar indignada pode ser até um direito dela, no entanto o que fez é inadequado: ela usou a sessão de coaching para o coachee refletir se ele mantém essa postura em outras esferas da vida e também passou um sermão.

Atente: o coachee a contratou para ajudá-lo a resolver uma questão de sua vida que não era a gestão do tempo. Dessa forma, a coach precisa ter uma política de como lidar com atrasos, fazer os acordos formais ou informais e simplesmente executar aquilo que combinou, sem sermões ou com uso do tempo do coachee para esse fim.

Imprevistos no processo

Lembre-se de que imprevistos podem acontecer, como seu coachee mudar da região onde você o atende e ir para um lugar inacessível para você. Nesse e em outros casos, fazer esses acordos pode ajudá-lo a se prevenir de possíveis problemas que podem abalar o processo como um todo.

Além disso, é importante fazer uma papelada básica, que chamo de buro-coaching, que você vai encontrar nos anexos deste livro: ficha de cadastro do coachee, avaliação do processo e código de ética do coach.

RESUMO

Para que todo o processo flua de forma tranquila, é preciso fazer algumas tarefas meio burocráticas, mas essenciais para evitar problemas futuros, como um acordo com o coachee, definindo os direitos e deveres de cada um, em especial em relação a:

- Não comparecimento;
- Reagendamento;
- Pagamento;
- Duração das sessões e do processo.

QUESTÕES PARA REVISÃO

1. O que é importante fazer logo no começo da primeira sessão?
2. Por que é importante oficializar alguns combinados com o coachee?
3. Quais são os principais pontos de um acordo de coaching?

CASO PARA VOCÊ SE INSPIRAR

Veja o testemunho da Lelena, participante da comunidade de alunos:

"Novo coachee após explicação de coaching em um salão de beleza. Aproveitar todos os espaços como nos recomenda Channa. Quero muito ser luz na vida desse coachee. E também de todos que virão."

> **PARA PARTICIPAR DA COMUNIDADE EXCELÊNCIA EM COACHING E TAMBÉM RELATAR SUAS EXPERIÊNCIAS COM O USO DO MÉTODO E DO MATERIAL COMPLEMENTAR, ACESSE:**
> **HTTP://BIT.LY/COMUNIDADEALUNOS.**

*O oponente dentro da cabeça de alguém
é mais extraordinário do que aquele do
outro lado da rede.*

Timothy Gallwey

10. ETAPA 1
AUTOCONHECIMENTO

Não há como elaborar uma meta verdadeiramente poderosa sem trabalhar o autoconhecimento. Por isso, outras metodologias de coaching não garantem a transformação em cinco sessões, porque tentam começar já com a meta, enquanto na maioria das vezes o coachee ainda não está pronto para definir uma que seja verdadeiramente poderosa.

Assim, a primeira etapa do método que utilizamos será dedicada a ajudar o coachee a se conhecer melhor, principalmente seu perfil comportamental, suas forças e fraquezas.

Essa fase do autoconhecimento é importantíssima para o processo. A partir dela o coachee poderá escolher sua meta com muito mais clareza e assertividade, já que, com conhecimento de si mesmo, ele terá consciência das suas potencialidades e da sua essência e terá clareza de tudo o que pode fazer.

Aqui, sempre se conectando profundamente com seu coachee e usando o rapport de alma, você utilizará ferramentas e perguntas que permitirão ao coachee se conhecer melhor, percebendo assim as suas tendências comportamentais e emocionais, sua personalidade; enfim, tudo o que é necessário para que você conduza o processo de forma que faça sentido para ele.

O coachee sairá do piloto automático e entenderá mais sobre si mesmo e suas escolhas, atitudes, seus gostos e o que o deixa realizado e feliz, assim como o que o desanima.

Quando se trabalha o autoconhecimento antes de qualquer outra etapa, o processo, como um todo, passa a fazer mais sentido para o coachee, já que suas ações e escolhas serão mais conscientes e baseadas no que faz sentido para ele. Resumindo, ele terá conhecimento de quem ele é e de quem quer se tornar.

Dessa forma, no tempo oportuno, poderá alinhar sua meta com mais assertividade, não sendo muito rasa nem muito utópica, algo que de fato esteja dentro do seu perfil e faça sentido para ele.

É comum que nesse primeiro momento o coachee fique ansioso em relação ao seu objetivo. É importante acolher qualquer emoção dele, como ansiedade, desânimo ou descrédito, e ajudá-lo a entender o método como uma jornada que precisa ser cumprida para alcançar seus resultados.

Você vai ver como é uma delícia embarcar nessa jornada de autoconhecimento com seu coachee e acompanhar a autopercepção e autodescoberta dele.

Essa fase foi crucial para um coachee que acompanhei com um sério problema. Ele tinha uma empresa no setor de infraestrutura que estava falindo, devendo centenas de milhares de reais. E os advogados e contadores sugeriram decretar falência para proteger seu patrimônio pessoal. Mas, com isso, todos os fornecedores e funcionários só iriam receber o que era devido depois de concluído o processo de falência, o que ele não considerava justo. Afinal, seu pai sempre o educara para honrar todos os compromissos.

Então ele estava nesse grande dilema quando entrou no coachtório. E tal como ensino aqui, fizemos a etapa de autoconhecimento, tanto dele como de sua empresa.

Nesse momento, percebeu que sua empresa tinha um grande ativo, que eram as licenças para participar de licitações públicas. Muitas dessas licenças exigem uma vasta documentação e anos de experiência.

Resumo da história, ele encontrou uma empresa, de construção pesada, que precisava dessas licenças. Então fizeram uma parceria na qual, ganhando determinada licitação, o parceiro compraria a empresa do meu coachee. Então, de uma dívida milionária, ele conseguiu honrar todos os compromissos, garantir o emprego de seus funcionários e ainda saiu com um bom dinheiro no bolso.

Percebe como essa fase do autoconhecimento é fundamental para que o coachee elabore uma meta que realmente vá solucionar seu problema?

A seguir, estão apresentadas algumas sugestões de técnicas para essa etapa.

Etapa 1. Autoconhecimento

TÉCNICAS SUGERIDAS PARA A ETAPA 1

Assessment

A primeira ferramenta a ser aplicada é o assessment ou diagnóstico de perfil comportamental.

Você pedirá que seu coachee faça o teste na entrevista de coaching ou assim que ele fechar o processo. Depois vai agendar a primeira sessão para fazer a devolutiva.

Essa ferramenta vai ajudá-lo a acelerar o processo de reconhecimento do seu coachee. E vale ressaltar que você não precisa ser um analista comportamental para trabalhar essa ferramenta. Independentemente da metodologia de assessment selecionada, você pode contratar o inventário de sua preferência e lhe caberá dar o feedback.

A importância do assessment no processo de coaching

Um diagnóstico de perfil comportamental deixará claro não só as tendências comportamentais, como também vai trazer um desenho do momento pelo qual o seu coachee está passando.

Essas informações sobre seu coachee, além de encurtarem caminhos, vão facilitar o processo, trazendo mais assertividade e, em consequência disso, mais segurança para você atender, já que terá, de fato, conhecimento da pessoa que está à sua frente para ser atendida e não trabalhará com "achismos".

É importante lembrar que estamos lidando com seres humanos, que evoluem e mudam sua forma de pensar e agir. Assim, esse inventário traz um retrato momentâneo e não tem nada a ver com rótulos, pois apenas traça as preferências dos vários perfis existentes e como eles estão atuando no momento.

Essas tendências têm sido estudadas há muito tempo. Desde a Antiguidade, já se tinha o interesse em observar as pessoas para saber como elas funcionavam e também para perceber seus perfis. Hoje em dia isso prevaleceu, no entanto podemos trabalhar essas informações com mais assertividade, já que elas são baseadas em lastro científico.

É importante que você escolha um assessment validado, com base científica e desvio de assertividade inferior a dois pontos percentuais. Outra questão

141

importante é que o assessment deve considerar os aspectos comportamentais, porque é disso que o processo de coaching vai tratar.

Você pode até fazer outros tipos de teste, mas recomendo fortemente que fuja daqueles de internet, sem estudos que confirmem sua validade.

O assessment no coaching empresarial

Em um processo de coaching dentro de uma empresa, o assessment vai permitir que dados de relacionamentos sejam levantados com a equipe de trabalho, como qual a reação do funcionário diante de mudanças, pressão, cobranças, suas tendências comportamentais e seus pontos frágeis e fortes. Além disso, ele pode trazer a noção de como a pessoa trabalha, como constrói as regras de conduta e como é o seu funcionamento.

Dentro de uma equipe, o assessment será muito útil para ajustar relacionamentos, formas de trabalho, motivação, assim como fazer um desenho dos pontos fortes e a desenvolver de cada membro do grupo.

Esse tipo de ferramenta é, de maneira geral, essencial quando trabalhamos com o coaching empresarial, independentemente do tipo de projeto que você esteja desenvolvendo, se é um coaching individual ou em grupo. Ele vai lhe dar mais possibilidade de trabalhar a individualidade de cada coachee, respeitando o perfil de cada um.

Um ponto importante é que você deve sempre informar ao coachee que o assessment é um inventário comportamental que aponta tendências nesse sentido no momento atual dele. Em outras palavras, ninguém é de um jeito ou de outro, mas está tendo um comportamento. Dessa forma, todo comportamento é aprendido e, portanto, pode ser mudado.

Feita a devolutiva, chegou a hora de prosseguir em seu processo. Para isso, seguem algumas sugestões de ferramentas.

Roda personalizada

A roda personalizada, assim como as demais rodas aqui apresentadas, são adaptações da Roda da Vida, desenvolvida originalmente por Paul J. Meyer.

O próximo passo é realizar a roda personalizada com o tema que o seu coachee escolheu.

Lembrando que a roda é somente uma metáfora, usei esse nome como padrão, mas não precisa ser feito em forma de roda. Na verdade, é uma lista com os itens que seu coachee vai escolher. Essa ferramenta vai fazer que ele tenha um retrato inicial de seu tema, compreendendo seus desejos e sonhos e quais capacidades ele vai precisar desenvolver para alcançá-los.

A roda personalizada funciona da seguinte forma: primeiro você vai explicar ao coachee o objetivo da ferramenta, que é promover o autoconhecimento dentro da área-tema do processo. Em seguida, você perguntará a ele o que deseja alcançar dentro daquele tema.

Digamos que o tema seja carreira. Você vai buscar com ele quais são os elementos essenciais para se ter uma carreira de sucesso que possam compor essa carreira que ele sonha em ter. Nessa fase, se seu coachee tiver dificuldades, você pode fazer sugestões, sempre validando com ele se aquilo faz sentido.

Esse tipo de ferramenta é trabalhado, geralmente, com dez itens. No entanto, se ele não chegar a essa quantidade não tem problema, faça uma lista com no mínimo sete e no máximo doze itens.

Continuando com o exemplo, vamos supor que o coachee tenha falado que os itens necessários para alcançar o sucesso são: reconhecimento, know-how, marketing pessoal, autonomia, resultado, orientação, foco, resiliência e inteligência emocional.

Como disse anteriormente, não é necessário usar a ferramenta em formato de roda, você pode fazer uma lista com todos os elementos que o seu coachee falar. Em seguida, peça que ele dê uma nota de 1 a 10 para cada item, sendo que 1 representa que ele não tem nada desse item em sua vida atual, e 10 que ele exerce o item plenamente.

Após fazer o levantamento das notas de cada um dos itens, o próximo passo é estabelecer qual vai ser a alavanca, ou seja, o item que, se desenvolvido, vai alavancar todas as outras. Você vai chegar a essa resposta fazendo ao seu coachee a seguinte pergunta:

"Essas notas demonstram como você está investindo seu tempo e sua energia em seu objetivo nesse momento. Qual desses itens você acha que, se você colocar mais energia, mais tempo e mais dinheiro, vai funcionar como uma alavanca e fazer tudo melhorar?"

Estabelecida a alavanca, é o momento de chegar a uma ação que envolva esse item escolhido e ajude o coachee a avançar rumo ao seu objetivo. Ele deve escolhê-la e você apenas o ajudará.

Lembrando que essa tarefa deve fazer seu coachee se sentir bem e deve ser específica e objetiva. Uma forma que sempre uso para mostrar a ele se a atividade que escolheu está coerente é perguntar se aquilo pode ser fotografado. Sempre dá certo, pois tarefas objetivas podem ser fotografadas.

Termine sua sessão mensurando o aprendizado do seu coachee perguntando a ele o que aprendeu com o exercício.

TED

Outra ferramenta possível para a primeira etapa é o TED, utilizada amplamente por Ricardo Melo, que oferece uma rápida visão de como a pessoa administra prioridades.

Peça para que o seu coachee avalie de 1 a 5 (em que 5 é a maior nota possível) como ele percebe a situação/tema que deseja trabalhar no processo de coaching no que se refere a T (tempo), E (energia) e D (dinheiro). Ao final, tenha uma média dos três valores e pergunte se aquela nota representa como ele percebe o seu momento atual.

Loveback

Essa técnica foi adaptada do modelo da administração de retorno da informação ou feedback.

Assim como a anterior, o loveback não tem um template, já que o essencial é você aprender com liberdade a lógica do funcionamento dele.

Essa ferramenta tem por objetivo levar o coachee a ter a percepção de como as pessoas o veem e se reconhecer ou não com a atividade.

Muitas vezes o coachee não concorda com algum ponto do resultado do assessment e quando utiliza essa ferramenta, em que as pessoas lhe dão o loveback da forma como ele age, ele passa a perceber aquelas características nele mesmo.

Você pedirá ao seu coachee que entre em contato com pelo menos dez pessoas que ele tem certeza que o amam ou nele confiam. Essas pessoas podem ser do trabalho, da família, amigos; enfim, não precisam estar ligadas ao seu tema.

É ideal que você insista que ele entre em contato com dez pessoas porque a margem de contribuições dessa ferramenta chega a 50%. Dessa forma, se você pedir dez, pode ser que voltem apenas cinco respostas.

Você vai instruir o seu coachee que, após entrar em contato com essas pessoas, peça que elas lhe atribuam três pontos fortes e três pontos a melhorar.

Ele deverá ouvir todas as opiniões dessas pessoas em silêncio de alma e em silêncio de voz, sem questionar, nem mesmo em pensamento. Depois de ouvir, ele deverá apenas agradecer, sem se justificar ou discordar do que foi dito.

Essa ferramenta é poderosíssima, já que, além de criar consciência dos pontos a melhorar, o coachee poderá aumentar sua autoestima ao perceber suas fortalezas.

Essa é uma tarefa para o coachee fazer entre as sessões e, quando trouxer o feedback, é importante que você o leve a refletir sobre as ações que deverá tomar em relação às respostas que possam ajudá-lo a alcançar seu objetivo.

Valores

Essa ferramenta vai ajudar o coachee a perceber como ele funciona. Os valores são o que há de mais efetivo na construção da felicidade. Todas as vezes que uma pessoa está fazendo algo que esteja desconexo do que ela acredita, ela vai se sentir infeliz e, com isso, pode até desenvolver alguma doença física, como ansiedade, depressão ou estresse.

Esse exercício tem origem na estratégia empresarial, ao definir missão, visão, valores e comportamentos.

Depois de explicar para seu coachee o que são valores e qual é a importância deles em nossa vida, imprima o template a seguir e oriente-o nos primeiros passos.

Peça que seu coachee se sente numa posição confortável e analise, na lista de valores, se existe algum que é muito importante para ele e que não está lá. Peça que ele complete-a escrevendo esse valor. Da mesma forma, induza-o a riscar algum valor que não tem nada a ver com ele e esteja na lista.

Depois disso sugiro que você dirija a ferramenta por meio da indução, conforme o roteiro abaixo. Peça que ele pegue uma caneta porque a partir de agora vocês vão fazer uma viagem por seus valores.

Tabela de valores

Criatividade	Inovação	Adaptação ao novo
Amor	Aprendizado contínuo	Perspectiva
Perseverança	Integridade	Entusiasmo
Amor-próprio	Compaixão	Inteligência
Cidadania	Igualdade	Liderança
Perdão	Humildade	Humanindade
Prudência	Autocontrole	Admiração
Gratidão	Otimismo	Esperança
Humor	Espiritualidade	Integridade
Consciência sistêmica	Respeito	Visão de futuro
Reconhecimento	Autorrealização	Honestidade

Valores fundamentais

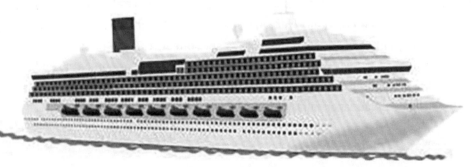

Roteiro da indução

Costumo simular uma viagem de navio, mas você pode usar o meio de transporte que for melhor para você.

Olá! Agora vamos fazer uma viagem por seus valores, e peço que você fique numa posição confortável.

Você pode escolher o porto do qual vamos partir. Então imagine um lindo transatlântico e vá percebendo como você está feliz.

Quando você sobe a escada, realizado em estar fazendo essa viagem, vê um lindo hall de entrada.

Uma linda recepcionista sorridente começa a lhe explicar várias coisas e você precisa fazer o pagamento, mas não vai usar cartão de crédito, mas sim um dos valores que está na sua lista.

Qual dos valores você vai usar para efetuar o pagamento? Lembrando que você deve deixar na lista aqueles que considera mais importantes.

Você percebe que ao seu lado está um lindo rapaz, que começa a cuidar da sua bagagem. Você o segue enquanto ele carrega suas coisas e de longe começa a avistar a cabine. Ao entrar nela, você percebe como ela é linda, espaçosa. Extasiado, direciona-se até a varanda.

O rapaz coloca sua bagagem no quarto e lhe estende a mão.

Qual dos valores na sua tabela você vai usar para pagar a gratidão que teve pelo rapaz? (Sempre risque o valor que já foi utilizado.)

Você está sozinho e começa a contemplar a vista. Está muito grato, feliz e, em sinal de gratidão, entrega mais dois valores a Deus, ao Universo, isto é, a quem você acredita ser um ser superior.

Você percebe que o navio está partindo e vai até a ponta dele, mas parece que todo mundo teve a mesma ideia e, para chegar à pontinha, que está cheia de gente, você precisa se livrar de algumas coisas, inclusive deixar um dos seus valores, para chegar lá com mais tranquilidade.

Você risca o valor deixado para trás e fica muito feliz pela decisão, porque conseguiu chegar à parte da frente do barco e contemplar o horizonte e observar a terra plana ficar cada vez mais longe, até parecer tão distante que se torna um pontinho pequenininho no horizonte e sumir.

Você vê tantas coisas bonitas, o céu, o mar, e vai aproveitar a viagem e fazer amizades, afinal no navio há academia, sauna e buffet.

Você conhece duas pessoas maravilhosas e tem a impressão de que as conhece há décadas. O papo é muito agradável, você se sente à vontade para falar algumas coisas pessoais e elas também contam algumas coisas para você.

Você gostou muito delas, sente vontade de dar-lhes um presente muito especial e escolhe um valor da sua lista para cada uma.

Você resolve encerrar a conversa e aproveitar a viagem, pois, como vai ficar uma semana no navio, pode reencontrá-las depois.

Você está passeando e ouve o comandante dizer:

— Senhoras e senhores, passageiros do transatlântico, peço que se levantem e se dirijam até os botes salva-vidas.

Então você fica assustado, mas obedece, encontra seus novos amigos e vai com eles para a fila dos botes.

Apreensivo na fila, ouve o comandante dizer:

— Senhoras e senhores, agora que vocês chegaram à fila dos botes, quero que abandonem alguns de seus valores e fiquem apenas com os mais importantes, aqueles que vocês não podem abandonar.

Então você escolhe três valores que não pode largar e os anota na lista de valores indeléveis que está na parte de baixa da lista. Assim que você acaba de anotar, volta para a fila e ouve o comandante falar:

— Senhoras e senhores, isso foi apenas um teste, vocês estão a salvo.

Você retorna dessa viagem com um grande aprendizado: não é preciso carregar tanta bagagem assim. Às vezes carregamos tantas coisas em uma bagagem para viagem, assim como na bagagem para a vida.

Nesse ponto você vai perguntar ao seu coachee quais são os valores indeléveis dele e se eles estão alinhados com sua carreira e vida.

Explique a ele que isso é fundamental para sua realização. Por exemplo, uma pessoa que tem o valor de liberdade geralmente é muito criativa e se for trabalhar em um lugar onde não tenha essa liberdade ou no qual seja podada toda vez que sugere algo novo, ficará extremamente infeliz.

Isso acontece com todos os valores. Digamos que uma pessoa tenha como forte o valor de processo. Mas se a empresa na qual ela trabalha não for organizada, não tiver estrutura nem estabilidade, ela tenderá a ficar extremamente desanimada. Às vezes até doente fisicamente. Isso é muito comum.

Depois que o coachee responder se está vivendo os seus valores, é hora de levá-lo para ação.

Caso ele não esteja os vivendo, pergunte quais seriam os passos a serem dados, o que ele poderia fazer para viver esses valores de forma plena. Estabeleça com ele as ações que vão ajudá-lo a alinhar seus valores à sua vida para que ele possa alcançar seu objetivo e se sentir realizado com isso.

Como no término de todas as sessões, peça que ele responda o que valeu a pena na ferramenta e nessa etapa de autoconhecimento.

RESUMO

Antes de tudo, é preciso que o coachee tenha plena consciência de si mesmo, de suas forças e fraquezas, sua personalidade, suas tendências comportamentais e emocionais.

Assim, quando for o momento certo, o coachee vai poder definir sua meta com mais assertividade e que esteja alinhada com suas crenças e seus valores.

As técnicas sugeridas para essa etapa são:

- Assessment: essa nunca pode faltar se você quiser ganhar em termos de assertividade e agilidade no processo de autoconhecimento;
- Roda personalizada;
- TED;
- Loveback;
- Valores.

Cada uma delas pode ser feita individualmente ou em conjunto por meio de uma ou mais sessões. Lembrando que você pode usar essas ou qualquer outra ferramenta que ajude o coachee a se conhecer melhor.

QUESTÕES PARA REVISÃO

1. Por que a fase de autoconhecimento é importante dentro de um processo de coaching?

2. Quais são as cinco ferramentas sugeridas nessa etapa?

CASO PARA VOCÊ SE INSPIRAR

Veja o testemunho da Vanessa, participante da comunidade de alunos:

"Ontem tive o prazer de fazer a ferramenta do navio com minha coachee e foi muito massa. Eu dei aquela viajada quando falamos da viagem. Pedi para que ela escolhesse o ponto de saída e aonde gostaria de ir, e ela escolheu a Índia (o que amei, meu sonho!).

Conversamos muito sobre o valor principal dela, espiritualidade. Ela tomou presença sobre a importância dele em sua vida e me questionou sobre os outros valores.

Em um momento de iluminação Divina, eu dei uma explicação tão interessante sobre os outros valores dentro da fala dela que fiquei chocada. Fui até Las Vegas, só fichas caindo.

Hoje ela mandou um feedback e eu emocionei.

Eu amo essa profissão, sou grata pela oportunidade em me manifestar aqui dessa maneira e por ter encontrado o Método Excelência em Coaching, que mudou minha vida.

Channa Sanches Vasco, gratidão por sua missão!!!!!"

> **PARA PARTICIPAR DA COMUNIDADE EXCELÊNCIA EM COACHING E TAMBÉM RELATAR SUAS EXPERIÊNCIAS COM O USO DO MÉTODO E DO MATERIAL COMPLEMENTAR, ACESSE:**
> **HTTP://BIT.LY/COMUNIDADEALUNOS.**

*O quanto de mentira existe nas verdades
em que acreditamos?*

Autor desconhecido

11. ETAPA 2
CRENÇAS E SABOTADORES

Chegamos à segunda etapa do Método Excelência em Coaching. Esse é o momento em que você poderá ajudar efetivamente seu coachee, pois ele vai descobrir e se libertar das crenças que têm limitado suas ações e também vai reconhecer, fortalecer e desenvolver suas crenças poderosas, que o empoderarão e o levarão à ação.

Primeiro vamos falar sobre o que são crenças, pois é importante que você domine muito bem esse assunto, para que possa explicar para seu coachee de forma que ele entenda esse conceito e aplique à vida dele.

Crenças são verdades particulares, e cada pessoa tem um sistema de verdades que vai fazer sentido para ela. Essas verdades acabam dando permissão para que a pessoa entre em ação e siga com seus planos ou também podem fazer que ela deixe de agir, limitando-a de alcançar algo.

Aqui, vamos chamar crenças de senso de certeza, ou seja, algo que seu coachee acredita em forma de verdade absoluta para si. Isso não significa, entretanto, que seja uma verdade universal ou que ele esteja certo.

É importante que nessa fase você tenha em mente que:

- Todos temos crenças limitantes e não precisamos trabalhar com todas (e em muitos casos com nenhuma delas), só é necessário trabalhar aquelas que impedem seu coachee de alcançar os objetivos dele;

- Existem três níveis de crenças: as do nível 1 podem ser ressignificadas a partir da conscientização da sua existência,

> as crenças do nível 2 vão precisar de algumas ferramentas para serem substituídas por crenças poderosas, e as de nível 3 são crenças muito profundas e, se você não for habilitado a trabalhar com esse tipo de crença, é mais indicado que peça a seu coachee que procure um especialista.

Para ilustrar o poder de trabalhar crenças antes da meta, gosto de contar o caso de uma linda jovem que tive a oportunidade de ajudar.

Ela era chefe de enfermagem de um hospital de referência em sua região. Mesmo assim, estava insatisfeita com a carreira. Na fase de autoconhecimento, descobrimos que ela queria, de fato, ser médica. Mas como vinha de uma origem humilde, tinha a crença de que era impossível realizar esse sonho.

E agora, como era casada e tinha uma empresa que caminhava bem, considerava-se velha, aos 31 anos, para começar. Para ela, tinha se tornado impossível passar numa faculdade de medicina.

Seguindo o passo a passo do método aqui apresentado, ajudei ela a perceber que era possível, sim, estudar medicina apesar de todas os desafios que estavam sendo apresentados à sua frente. Afinal, com as informações da etapa de autoconhecimento, sabia que com sua renda familiar seria possível fazer uma graduação numa escola particular. Além disso, seu marido a apoiava na realização de seu sonho.

Concluindo, ela voltou a estudar, fez a prova do Enem e conseguiu passar em uma universidade pública. Em breve vai poder exercer a profissão dos seus sonhos, ter sucesso e felicidade no trabalho.

Afinal, todos nós temos esse direito! Isso mesmo, o direito de trabalhar com algo que faça nossos olhos brilharem, que esteja alinhado ao nosso propósito e aos nossos valores.

Se não tivesse feito essas duas etapas anteriores, provavelmente a meta de minha coachee teria sido outra, não seria forte o suficiente para engajá-la no processo e ela não teria criado um plano de estudos e realização para ter uma pontuação no Enem que a qualificou para estudar medicina numa universidade pública. No início foi desafiador para ela, porque teve que morar um semestre em uma cidade diferente do marido, mas hoje, cinco anos depois, voltaram a morar juntos, tiveram uma linda filha e minha coachee está feliz, fazendo o internato rural, quase formada e realizando o seu sonho.

Percebe o poder de ajudar seu coachee a tomar presença do seu sistema de permissão para a ação e aumentar o seu senso de certeza de que, sim, é possível alcançar seus sonhos e metas? Esse é o poder de você se tornar um coach de excelência.

O PAPEL DAS CRENÇAS PODEROSAS NA VIDA DO COACHEE

Partindo do princípio de que o coaching é um processo pragmático, em que seu coachee vai entrar em ação sempre focando no futuro, não faz tanto sentido se concentrar em suas crenças limitantes, tendo em vista que essas vão olhar para o passado. É claro que isso pode ser necessário em algum momento, mas conhecer suas crenças fortalecedoras vai levá-lo muito mais rápido à ação e, por consequência, à realização de seus sonhos.

Não estou aqui diminuindo a importância do procedimento de quebra de crenças limitantes, mas focar os recursos do seu coachee o deixa cada vez mais fortalecido, por isso aprimorar as crenças fortalecedores se apresenta muito mais eficaz. Pela perspectiva da psicologia positiva, por exemplo, fazer o seu coachee tomar consciência delas é um passo importante para que ele caminhe rumo ao seu objetivo, mesmo que ainda sinta um pouco de medo ou insegurança. A ideia central não é negar ou suprimir o medo, mas mostrar como é possível seguir apesar dele e de tudo de desafiador que aconteceu antes.

É importante também que você tenha consciência de que nem todas as situações limitantes pelas quais o seu coachee passou, necessariamente, trazem somente resultados ruins. Algumas crenças fortalecedoras são criadas a partir de situações limitantes.

Um coachee, por exemplo, pode ter tido, na infância, problemas de relacionamento com seus pais, que eram muito exigentes. A partir disso ele passou a acreditar que precisa se dedicar ao extremo em tudo o que faz.

Se essa pessoa tem um objetivo que precisa de dedicação, não há por que trabalhar nessa situação limitante, já que a partir dela foi formada uma crença poderosa que a ajudará a chegar ao seu objetivo.

SEQUÊNCIA DE PERGUNTAS PARA IDENTIFICAR CRENÇAS

A primeira coisa que você deve tomar conhecimento em relação ao seu coachee é que o corpo não mente. Se você já trabalhou toda a etapa do autoconhecimento, você e seu coachee estabeleceram juntos tarefas que o levassem ao seu objetivo e ainda assim ele continua agindo do mesmo jeito, é provável que tenha uma crença envolvida nesse processo.

Falta de comprometimento e de ação é uma forma de o corpo mostrar que há um desalinhamento entre o que o coachee acredita e o que ele quer fazer. Por isso, é importante ajudá-lo com essa sequência de perguntas:

- O que você quer?

- Certo, mas especificamente como você quer isso?

- Por que você não tem isso ainda?

- O que seria necessário para você fazer o que não está conseguindo fazer?

Pergunte "por que" quantas vezes forem necessárias. Especifique cada vez mais a pergunta e perceba as questões que ele vai repetindo.

Observação: Mesmo eu já tendo dito para você ter cuidado com os porquês de baixo desempenho, fique calmo, pois quando trabalhamos com crenças limitantes essa é a maneira mais eficaz para identificá-la.
O objetivo aqui é encontrar a crença-raiz, que você vai identificar quando entrar num looping, ou seja, ela aparece em várias respostas.

Aos poucos você vai conseguir enxergar um padrão e, quando isso acontecer, pergunte ao seu coachee:

- Como você se sente em relação a isso? (o objetivo dessa pergunta é perceber qual é o julgamento dele em relação a esse assunto)

- O que vai acontecer de ruim quando você alcançar o seu objetivo?

- Esse empecilho é forte o suficiente para te impedir de alcançar o que você quer? (com essa pergunta você vai perceber se existe um problema de ecologia, um impedimento maior que o impeça de alcançar o seu objetivo).

Etapa 2 . Crenças e sabotadores

A partir desse momento você pode levar seu coachee a mensurar qual das partes é mais importante. Peça que ele coloque o seu objetivo em uma das mãos e sinta seu peso, seu cheiro, veja sua cor, ouça seu barulho, use os cinco sentidos para que ele perceba esse objetivo.

Pergunte a ele quais emoções estão por trás daquele objetivo, o que o prende a ponto de não conseguir prosseguir (aqui você saberá se existe uma crença o limitando). Peça que ele feche a mão segurando esse objetivo nela.

Depois peça que abra a outra mão e nela coloque a sua limitação, o que de ruim poderia acontecer com ele se ele alcançasse o seu objetivo, e peça novamente que ele sinta o peso, o cheiro, veja a cor, ouça o som para que ele perceba essa limitação.

Peça agora que ele abra as duas mãos e sinta o peso que está em cada uma delas, peça que ele sinta o que é mais forte, o que tem maior peso. Agora que ele já tem consciência de sua crença limitante, pergunte a ele o que é mais pesado, a limitação ou a vontade de alcançar o seu objetivo.

Lembre-se sempre de que durante todo o exercício você deve usar as mesmas palavras do seu coachee, não tente interpretar ou usar sinônimos. As palavras que ele usa têm um significado único e especial para ele e devem ser respeitadas. Isso será fácil de fazer, de maneira simples e natural, se você estiver em rapport de alma.

Por fim, se seu coachee estiver na crença de nível 1, a conscientização por meio das perguntas já poderá resolver o problema dele. No entanto, se as crenças dele forem de nível 2, ele precisará de mais ferramentas, que vamos apresentar aqui.

TÉCNICAS SUGERIDAS PARA A ETAPA 2

Mapa de crenças, valores e comportamentos

Nesse exercício você poderá mapear com seu coachee o sistema de permissões dele, tanto de crenças poderosas quanto de crenças limitantes e os valores que elas envolvem.

A atividade é adaptada do livro *Vencendo limites*, de Marcelo Bulk. O exercício é bem flexível e pode ser feito tanto numa folha impressa como numa

159

folha de caderno. O importante é você identificar quais são os comportamentos gerados pela crença e quais são os comportamentos paralisados por ela.

É importante que você conte para o coachee que todo o senso de certeza, ou crença, foi aprendido. Nenhum recém-nascido vem com aplicativos instalados sobre o que ele pode, merece ou consegue na vida. E isso é ótimo porque, da mesma forma que se aprendeu algo, é possível atualizar ou aprender algo novo no lugar. Isso acontece naturalmente, de maneira inconsciente, todos os dias. Esse exercício vai ajudar seu coachee a ser responsável pelas escolhas que pretende seguir daquele momento em diante.

Veja o exemplo da planilha abaixo:

EXEMPLO DO TEMA: PROSPERIDADE				
CRENÇA – VALOR – COMPORTAMENTO				
ÁREA	CRENÇA		VALOR	AÇÃO/COMPORTAMENTO
CULTURAL E SOCIAL	LIMITANTE	Para ser rico, não pode ser honesto.	HONESTIDADE	Boicoto as possibilidades de riqueza.
	PODEROSA	Procuro ser honesto com meus coachees.		Talvez eu até perca a venda, mas não vou conseguir um coachee dizendo que tenho um produto quando na verdade não tenho.
CRENÇA – VALOR – COMPORTAMENTO				
ÁREA	CRENÇA		VALOR	AÇÃO/COMPORTAMENTO
EDUCAÇÃO FAMILIAR	LIMITANTE			
	PODEROSA			

Você repetirá todas as perguntas sobre as crenças que ele aprendeu a respeito do tema do objetivo dele em todas as áreas da vida:

- Cultural e social: a forma como as pessoas se comportam, seus costumes e rituais;

- Educação familiar: crenças que foram aprendidas com os pais, avós ou outros familiares;

Etapa 2 . Crenças e sabotadores

- Educação escolar: crenças que aprendemos na escola;

- Educação informal: crenças que aprendemos com amigos e colegas de trabalho;

- Autoaprendizagem: crenças que adquirimos em processos autodidatas.

Essa ferramenta vai possibilitar que você faça um raio X de como seu coachee se comporta e o que faz ele paralisar.

Esse mapa, além de indicar a crença do seu coachee, vai mostrar o contexto em que ele a aprendeu, se no meio familiar, na cidade onde nasceu, na cultura do país e assim por diante, e dessa forma ele poderá começar a formar a consciência de que, na verdade, a crença não é algo inato a ele e que pode ser alterada.

Você pode seguir a ferramenta de forma linear, fazendo o passo a passo de cada uma das etapas, ou seguir de forma não linear, de acordo com o conteúdo que o coachee trouxer para a sessão.

Forma não linear de aplicar a técnica

Você pode perguntar ao seu coachee o que ele acredita sobre o tema, questionando se algo é poderoso ou limitante, e com quem ele aprendeu isso. Preencha o mapa com as respostas obtidas.

Por exemplo, se ele disser que aprendeu com o pai, você sabe que deve preencher na área da família, mas se disser que aprendeu com a professora, você vai preencher na área da educação, e assim por diante.

Sempre acolha o que seu coachee falar, aceitando sem julgamento o que ele acredita ser poderoso ou limitante, respeitando o momento dele. É importante que você compreenda que, aquilo que para uma pessoa pode ser limitante, para outra pode ser poderoso. Não cabe a você julgar ou interpretar. Isso será fácil e natural a você à medida que praticar rapport de alma. E vale ressaltar que você usará o mesmo procedimento para o valor.

É importante saber que o coachee pode ter uma crença poderosa sobre determinado tema, mas o comportamento dele pode ser limitante para sustentá-la. Ou também o contrário, ele pode ter uma crença poderosa que obteve diante de um comportamento limitante de alguém ou de algum acontecimento limitante ou triste.

Forma linear de aplicar a técnica

Para aplicar a ferramenta de forma linear, você só precisa seguir a ordem que está no template. Não é necessário dá-lo nas mãos de seu coachee, salvo se ele for muito prolixo, então você pode deixá-lo com o papel para que ele fique mais centrado.

Essa sessão costuma ser longa, pois o coachee vai precisar falar sobre suas crenças e onde as aprendeu, e o seu comportamento em relação a elas.

Seguindo a ordem você deverá, baseado no tema, perguntar ao coachee o que ele aprendeu sobre aquilo na cultura da qual faz parte, no meio cultural e social da cidade onde vive ou viveu, na sua família, e assim por diante.

Depois dessa reflexão, o coachee deverá identificar um aprendizado positivo e um limitante em relação ao assunto, assim como o momento em que ocorreu esse ensinamento e o valor que está por trás disso.

E, por último, você vai verificar o comportamento do coachee. Para isso, basta perguntar a ele qual a sua percepção em relação ao que ele faz ou deixa de fazer quando tem esses pensamentos. Lembrando que aqui é o momento de explorar os comportamentos, então não deixe que ele fale sobre sentimentos.

Segue o exemplo de perguntas baseadas no template:

CRENÇA – VALOR – COMPORTAMENTO				
ÁREA	CRENÇA		VALOR	AÇÃO/COMPORTAMENTO
O que você aprendeu sobre esse tema na cultura e sociedade da cidade onde cresceu?	De que forma isso o limita?	Para ser rico, não pode ser honesto.	Qual valor está por trás disso?	O que você deixa de fazer quando tem esses pensamentos?
	O que você aprendeu que é poderoso para sua vida?	Procuro ser honesto com meus coachees.		O que você faz de bacana, que o ajuda quando você pensa dessa forma?

Você vai fazer isso em todos os quadrantes que envolvem a vida dele, educação familiar, escolar, autoaprendizagem (o que aprendeu ao longo da vida) etc, e vai preencher todo o quadro.

Caso o seu coachee traga algo que não se encaixe em nenhum dos tópicos, você pode anotar em alguma outra parte da folha. É comum que durante a aplicação de uma ferramenta poderosa como essa a mente do seu coachee comece a trazer coisas que fazem sentido somente para ele, e é importante que você acolha tudo o que ele falar sem nenhum julgamento.

Gerando transformação a partir da ferramenta

Depois de feito todo o passo a passo com seu coachee, é hora de levá-lo a fazer suas próprias escolhas, mas para isso você precisa explicar a ele alguns pontos.

Primeiro, explique que nada na vida é permanente. Ele terá acabado de perceber como tem funcionado o seu sistema de permissão para agir ou não agir, tudo o que é poderoso para ele e também o que o limita, no entanto cabe a ele decidir se quer continuar agindo da mesma forma ou se deseja colocar outro comportamento mais poderoso no lugar daquele. Da mesma forma que ocorre no processo de aprendizagem, algo pode ser reaprendido de uma maneira nova e fortalecedora.

É muito importante que você sempre estimule o coachee a criar suas próprias estratégias. Tudo o que está inconsciente não pode ser mudado, uma vez que é imposto. Já quando chega ao nível da consciência, é possível ser protagonista e escolher seguir com aquilo ou não.

Leve seu coachee a perceber que, talvez, no momento em que ele aprendeu aquilo, não tinha condições de escolha. No entanto agora, com todo conhecimento que ele tem, pode optar por algo que seja mais poderoso para ele. Sendo assim, deve dizer qual crença poderosa ele vai querer no lugar daquela que o limita e que já não está mais sendo tão útil para ele. No fim da ferramenta, valide com ele os aprendizados que obteve com todo esse conhecimento.

Tarefa

Partindo do conceito de que tudo o que não é visto, não é lembrado, peça que seu coachee escolha a forma que usará para se lembrar da sua crença-fortalecedora. Pode ser com post-its, alarmes de celular, avisos ou bilhetes em lugares estratégicos, enfim, o que fizer sentido para ele.

Além dos lembretes, ele deve escolher uma tarefa que faça a crença que ele escolheu ser instalada e fortalecida. Uma forma de a instalar é refazer toda a atividade com a crença fortalecedora. E outra forma vou apresentar agora, na sequência dos exercícios.

Espiral da performance

Outro exercício muito poderoso é a espiral da performance. Com ela não será preciso levar seu coachee ao sofrimento, remoendo crenças limitantes e o obrigando a voltar ao ponto inicial da crença. Para desenvolver essa ferramenta, juntei o conceito do Ciclo do Sucesso, de Tony Robbins, e o modelo da Espiral do Triunfo, de Napoleão Hill.

Apesar de extremamente simples, esse exercício promove uma instalação de força e senso de capacidade que permite que o coachee veja como ele funciona e possa escolher fazer diferente.

O nosso comportamento sempre forma ciclos que nunca acabam, giram e se fortalecem em forma de espiral. Essa ferramenta vai mostrar ao coachee o ciclo em que ele está inserido, gerando comportamentos e resultados padronizados. Esse ciclo começa com o senso de certeza dele, algo em que ele realmente acredita e que faz seu potencial entrar em ação ou paralisar. Baseado nessa resposta, ele age e tem os resultados daquela ação, que vai contribuir para aumentar o senso de certeza e assim por diante.

O ciclo retoma a partir daí, transformando-se em espiral, pois o senso de certeza fica ainda mais fortalecido com seus resultados, como também o potencial, a ação e os resultados, sempre em uma espiral que não tem fim.

Partindo desse conceito, você vai perguntar ao coachee:

- No que você acredita sobre esse tema?

- A partir desse senso de certeza, como você usa seu potencial em relação a esse tema?

- Qual o comportamento que você está tendo quando usa esse potencial?

- Quais os resultados que você tem quando age assim?

- E no que você acredita quando alcança esses resultados?

Exemplo de espiral da performance com o tema carreira

POTENCIAL
Não uso meu potencial quando penso assim.

AÇÃO
Não mando currículos, não procuro saber de vagas e, quando vejo algo, logo desisto porque já vejo que aquilo não é "pra mim".

SENSO DE CERTEZA
Acredito que não exista um emprego que pague bem na minha área de atuação.

RESULTADOS
Não consigo um novo emprego.

Faça seu coachee perceber que tudo parte do senso de certeza dele. Tendo essa consciência ele estará livre para substituir o senso de certeza que tem limitado as suas ações por um que faça mais sentido para o seu objetivo, que o empodere. Peça a ele que escolha um novo senso de certeza que possa ser colocado no lugar do antigo.

Veja um exemplo de substituição de senso de certeza poderoso:

Exemplo de espiral da performance com o tema carreira

POTENCIAL
Uso meu potencial para descobrir onde estão e o que fazem as pessoas que ganham bem.

AÇÃO
Entro no LinkedIn e mapeio as competências e as experiências das pessoas que trabalham em funções similares à minha, mas que ganham bem.

SENSO DE CERTEZA
Acredito que, se existem pessoas que ganham bem, eu também posso ganhar.

RESULTADOS
Faço cursos para desenvolver as competências similares das pessoas que trabalham de maneira melhor remunerada do que eu.

É normal que seu coachee, nessa etapa, demore para encontrar algo que de fato faça sentido para a vida dele. É desafiador para ele trazer algo poderoso no lugar do que tem usado há tanto tempo, então espere que ele responda e acolha o que ele falar. Com esse novo senso de certeza, você vai refazer a espiral partindo das mesmas perguntas:

- Qual é o potencial que será necessário usar?

- E qual vai ser a ação dentro desse seu potencial? (Se ele tiver dificuldades nessa fase, você poderá ajudá-lo pedindo que ele tome como exemplo outras pessoas que tenham essa crença.)

- Quais serão os seus resultados quando você agir dessa forma?

- No que você acredita quando tem esses resultados? Repita quantas vezes você julgar necessário.

É importante que o coachee perceba como suas crenças fazem que todo o restante, muitas vezes, pare de funcionar ou funcione de forma desalinhada ao que deseja, formando ciclos. Assim sempre que for necessário ajustar algo, ele precisará desenvolver um novo plano de ação baseado em um senso de certeza possibilitado.

Essa ferramenta, além de ser libertadora para seu coachee, vai trazer a você muita realização. Será muito bom ver a mudança na fisionomia do coachee quando suas crenças forem transformadas. Ele passa a ver possibilidade onde antes não era capaz de perceber.

DCD

Todos temos alguns medos. Eles são naturais e geralmente estão baseados em nossas crenças. Essa terceira ferramenta, o DCD, foi criada pelo psiquiatra Augusto Cury, e vai permitir que você ensine seu coachee a agir, mesmo quando ele estiver com medo.

Você deve mostrar para seu coachee que o medo é natural e significa que aquilo que está depois do medo é importante para ele. Afinal, o medo não se instala para proteger coisas banais. No entanto, a coragem não é a ausência do medo, mas sim agir apesar do medo. Isso é possível e existem técnicas para tal, como as que você vai apresentar ao coachee para que ele possa utilizar sempre que o medo paralisar sua ação.

Nessa fase do processo ele já diminuiu a força das crenças limitantes, então você ensinará essa técnica para que o coachee se torne mais realizador,

Etapa 2 . Crenças e sabotadores

mesmo se ele estiver inseguro ou com medo. Esse exercício consiste em D (duvidar), C (criticar), D (determinar) e deverá sempre seguir essa ordem.

Uma pessoa que atendi tinha medo de falar em público e, apesar de ser jornalista e editora de uma revista, não se sentia confiante para fazer perguntas em entrevistas coletivas. Usando o passo a passo do método que compartilho com você neste livro e, em especial a técnica do DCD, ela se desenvolveu tanto nessa habilidade que, ao final do processo, sentia-se tão confiante que fez, inclusive, uma apresentação de dança num teatro em sua cidade. Foi lindo.

Veja um exemplo de uma das vezes que ela treinou a técnica:

O medo do julgamento dos outros jornalistas se ela fizesse perguntas em alguma coletiva de imprensa a deixava paralisada.

D (duvidar) – Será mesmo que todo mundo está tão preocupado com as perguntas que eu fizer na coletiva de imprensa? Será mesmo que estão mais preocupados com que eu vou falar do que com o que o entrevistado vai falar?

C (criticar) – Sério mesmo que você vai sair dessa coletiva de imprensa sem fazer ao menos uma perguntinha só porque acha que todo mundo está olhando para o seu umbigo? Risos.

D (determinar) – Levanta a mão e vê o que acontece. Se doer, você finge que seu telefone tocou e ninguém vai perceber.

A cada pergunta o medo vai sendo reduzido. Em alguns casos, na primeira vez a pessoa não consegue chegar ao nível de executar, mas perceberá que o pânico diminui e se sentirá fortalecida. Estimule seu coachee a se manter firme na técnica, vai funcionar.

Funcionamento da ferramenta

Essa ferramenta poderá ser usada por toda a vida, em várias situações. Digamos que a pessoa quer fazer algo, mas percebe que há algum estranhamento naquilo. Ela não se sente confortável e começam a vir alguns pensamentos limitantes. Como:

"EU NÃO SOU BOA O SUFICIENTE."

Essa pessoa vai colocar em ação o primeiro D e vai começar a duvidar disso: "Será mesmo que eu não sou boa o suficiente?", "Baseado em que eu não sou boa?", e todos os outros questionamentos que lhe vierem à cabeça.

167

Em seguida, ela vai usar o C, de criticar, e usará um tom de deboche para aquela afirmação, uma crítica mais lúdica.

Por último, ela vai usar o D, para determinar o que fará em relação a isso, agora que já sabe que não é de fato como parece.

Com esse exercício você ajudará o coachee a diminuir a carga emocional do que está paralisando-o. Quando for ensiná-lo pela primeira vez, peça que ele formule as sentenças de dúvidas, critique e determine. Pode ser que ele tenha certa dificuldade para formar as sentenças a princípio, então você pode auxiliá-lo estimulando e dando sugestões, que deverão ser validadas com ele.

Depois que ele tiver aprendido como funciona o passo a passo, peça que faça essa atividade pelo menos três vezes por dia. Ele pode colocar alarme no celular para lembrar da tarefa, ou usar qualquer outra estratégia que faça sentido para ele e o ajude a não esquecer.

Procedimentos após qualquer sessão em que se trata de crenças

É essencial que seu coachee sempre saia da sessão melhor do que entrou. Por isso, se ao final da sessão de crenças, que geralmente mexe com muitas emoções, você perceber algum tipo de desconforto, é interessante trabalhar com uma ferramenta que poderá trazer a ele crenças fortalecedoras e emoções positivas. O que eu sugiro aqui é que se faça um exercício conhecido pela programação neurolinguística, que ensino em meus programas de educação continuada como ponte ao futuro.

Para fazer esse exercício, você vai explicar ao coachee que vocês vão construir um desenho que remete ao futuro. Peça que ele fique numa posição confortável, de olhos abertos ou fechados, respirando tranquilamente e que pense em seu objetivo. Peça que ele vá dando passos até chegar a esse objetivo, que podem ser literais, se você estiver atendendo presencialmente, ou em sua imaginação, caso o atendimento seja on-line ou por telefone. Em ambos os casos, o benefício do exercício é o mesmo para seu coachee porque ele passa a viver o futuro positivo como se estivesse acontecendo, como se estivesse vivendo isso naquele momento.

Peça que ele perceba como se sente, que explore os cinco sentidos ouvindo os sons, ou a ausência deles, sentindo o cheiro do ambiente, observando o local, dizendo se está com mais alguém, como está essa pessoa. É importante envolvê-lo em um ambiente imaginário em que se sinta bem. Peça que ele veja como tudo está acontecendo de maneira tranquila e agradável, como ele fica bem quando alcança a meta.

Depois de explorar bastante o objetivo dele, oriente para que ele guarde todas as sensações em seu corpo, que sinta muito forte toda essa alegria da conquista e que, no tempo dele, respire três vezes e comece a sentir novamente o corpo, tome consciência dos braços, pernas e retome ao aqui e agora.

Sempre valide sensações e aprendizados e sugira que ele leve essas sensações com ele, pois a partir daquele momento sua mente percebeu o caminho para chegar à meta.

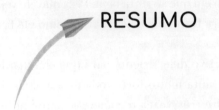

RESUMO

Outro ponto crucial para garantir o engajamento do coachee e o sucesso do processo é ter clareza sobre suas crenças limitantes e poderosas. Muitas crenças podem simplesmente paralisar o coachee, que não vai se engajar nas tarefas nem ter a transformação desejada.

Por isso, é essencial trazer à tona quais são as verdades em que ele acredita sobre o tema que está sendo trabalhado.

Para isso, sugiro as seguintes ferramentas:

- Mapa de crenças, valores e comportamentos;
- Espiral da performance;
- DCD.

QUESTÕES PARA REVISÃO

1. Quais as principais descobertas do coachee na segunda etapa?
2. O que são crenças?
3. É preciso trabalhar todas as crenças em um processo de coaching? Por quê?
4. Como perceber o desalinhamento entre as crenças do coachee e o que ele quer fazer?
5. O que fazer quando perceber um padrão nas respostas do coachee?
6. Quais são as ferramentas da "Etapa 2 – Crenças e sabotadores"?
7. Qual ferramenta ajuda a mapear o sistema de permissões do coachee?
8. O que é o DCD?
9. O que deve ser feito após uma sessão sobre crenças?

CASO PARA VOCÊ SE INSPIRAR

Veja o testemunho da Larissa, participante da comunidade de alunos:

"Ontem apliquei a espiral do sucesso! Foi fundamental para que o coachee reconhecesse os avanços e ganhos que teve até o momento e fortalecer o seu senso de certeza! Os ganhos foram enormes e seguem registrados. À medida que ele reconhecia seus ganhos com o processo e fortalecia seu senso de certeza, eu me reconhecia enquanto profissional de coaching e fortalecia o meu senso de certeza também! 🖐 🖐"

> **PARA PARTICIPAR DA COMUNIDADE EXCELÊNCIA EM COACHING E TAMBÉM RELATAR SUAS EXPERIÊNCIAS COM O USO DO MÉTODO E DO MATERIAL COMPLEMENTAR, ACESSE:**
> **HTTP://BIT.LY/COMUNIDADEALUNOS.**

*Sonhos não morrem. Apenas adormecem
na alma da gente.*

Chico Xavier

12. ETAPA 3
DEFINIÇÃO DA META

A terceira etapa do Método Excelência em Coaching é muito importante, pois, depois de tanto preparo, é o momento em que vai ser estabelecida a meta verdadeiramente poderosa. Essa etapa pode, inclusive, durar de três a quatro sessões e, como em qualquer outra, à medida que você for praticando, o número de sessões diminuirá.

Dentro do método antigo de coaching, a primeira coisa que o coach faz com seu coachee é estabelecer uma meta. No entanto, fazer isso antes de o coachee ter o conhecimento de si mesmo e de seu funcionamento e antes de serem trabalhados as crenças e os sabotadores, o sucesso do processo tende a correr risco, pois a meta estabelecida pode estar distorcida, como veremos.

Embora desde o começo do processo você já tenha trabalhado a meta por meio do tema que seu coachee trouxe para o processo, esse é o momento de ele escolher de forma mais consciente, pois agora sabe do que é capaz, das suas habilidades e permissões para agir.

Além disso, nessa fase você já conhece mais o coachee, tem um panorama do seu funcionamento, dos seus pontos fortes e das fragilidades e conhece seu perfil comportamental. Todo esse conhecimento pode ajudar no desenvolvimento de alternativas para que ele avance e, dependendo do nível de realização dele, você poderá auxiliá-lo a planejar metas de curto, médio e longo prazo.

Seu coachee, por sua vez, sabendo mais sobre quem ele é e tendo a consciência de onde está, aonde quer chegar e da pessoa que precisa se tornar para alcançar aquele objetivo, costuma ter maior empenho, já que normalmente se sente apaixonado por aquela nova realidade.

Diante dessa motivação que o coachee apresenta, você precisa levá-lo a pensar em uma meta Smart, ou seja, que seja específica, não dá para trabalhar questões abstratas nessa etapa. Ela deve ser mensurável (o coachee precisa medir os resultados), ser atingível, relevante e motivadora para ele e temporal (precisa ter uma data-limite). Mas vamos falar sobre a técnica Smart mais adiante.

Nessa etapa é importante você estimular o coachee a superar os próprios limites, mostrando quais são as prioridades para ele no momento.

A importância de trabalhar a meta apenas depois das etapas de autoconhecimento e crenças é porque quase sempre a pessoa chega sem saber exatamente o que quer, ou com uma meta pequena para ter certeza de que vai ser bem-sucedida, ou grande demais porque não se conhece.

Lembro de uma coachee que, quando iniciou os atendimentos, simplesmente queria alcançar sucesso na carreira e acreditava que seu companheiro a estava atrapalhando – porque queria ter um filho. Na fase de autoconhecimento, ela percebeu que tinha o sonho de ser mãe e que era muito apaixonada por seu marido. Mas tinha a crença de que não seria possível ser mãe e ter sucesso profissional. Ela acreditava que um filho iria tirar o foco do sucesso profissional. Então ressignificamos essa crença, mostrando como outras mulheres conseguiram conciliar a maternidade com a carreira.

Elaboramos uma meta que de fato estava alinhada aos seus valores e propósitos. Ela só precisou encontrar uma empresa em que fosse possível chegar ao cargo que desejava, mantendo o que era importante para ela: família, afeto e sucesso.

Percebe como foi crucial ter as duas primeiras etapas antes de chegar a uma meta que realmente trouxesse sucesso e felicidade para minha coachee?

Se tivesse feito a meta na primeira sessão, provavelmente seria algo relacionado ao fim do seu relacionamento, ela não iria se engajar nas tarefas e não teria a transformação desejada – afinal, é apaixonada pelo marido e, mesmo que conseguisse se separar, isso não traria felicidade nem sucesso.

Sugiro aqui algumas ferramentas para ajudá-lo a ter um parâmetro, sobretudo no início da carreira. A maioria delas sem o template, para que você tenha mais liberdade de trabalhar, e, à medida que for praticando, talvez não precise mais usá-las. Esse é o nosso objetivo final para você alcançar excelência.

O QUE FAZER QUANDO O SEU COACHEE NÃO TEM A META ESTABELECIDA

Isso não é comum a essa altura do processo, mas é possível que seu coachee chegue a essa etapa e ainda não saiba qual é o tema da sua jornada. Talvez ele esteja indeciso se o objetivo dele está mais relacionado a carreira, família, relacionamento ou finanças, por exemplo.

Nesse caso você vai aplicar a roda dos papéis. Com essa ferramenta, você dará ao seu coachee a oportunidade de refletir sobre as interações que tem em sua vida, como mãe, esposa, filha empresária etc, e qual desses papéis tem sido afetado por aquele problema pelo qual está passando.

Assim como as outras rodas que ensinamos aqui, essa não precisa de uma forma geométrica, pois você apenas vai listar exatamente o que o coachee lhe falar.

TÉCNICAS SUGERIDAS PARA A ETAPA 3

Roda dos papéis

O primeiro passo da ferramenta é você perguntar ao seu coachee quais os papéis importantes que ele está desenvolvendo na sua vida atualmente (pai, amigo, escritor, esposo, empresário etc.).

Depois de listar todos, você irá pedir que ele dê notas de 1 a 10, mensurando o quanto está realizado e feliz em cada um dos papéis.

Agora repita o passo a passo da roda personalizada que fizemos na Etapa 1.

Perguntas motivadoras

Estabelecido o tema, o próximo passo é trazer mais clareza ao coachee, para que ele possa curtir e celebrar o que alcançou de positivo em relação a esse tema.

Para isso, você vai fazer algumas perguntas que o ajudarão a ter uma visão mais positiva de si mesmo e do seu tema. É comum que nessa fase ele comece a se cobrar mais, por ficar mais ansioso e observar somente o que está faltando, por isso é muito importante que você o ajude a manter o foco no positivo e perceber tudo que conquistou até o momento. Isso fará que seu coachee se sinta motivado para prosseguir.

Nessa fase você começa a sentir a importância de se trabalhar o autoconhecimento e a mentalidade antes de trabalhar a meta, pois o coachee, já consciente de si mesmo, vai responder a esse bloco de perguntas sem estar no automatismo e, dessa forma, poderá apreender tudo o que ele já alcançou nesse tema e comemorar suas vitórias.

A seguir, você terá um bloco de perguntas que foram separadas em etapas. Cada uma delas tem um objetivo dentro da construção de consciência positiva do seu coachee:

- Que lições bonitas você aprendeu com esse tema até agora?
- Quais dessas lições você já realizou nessa área?
- Você se conhece melhor hoje do que há um ano nessa área?
- Esse tema te transformou positivamente?
- O que nesse tema te deixa feliz?

Etapa "Deixar ir"

Você vai usar algumas perguntas para despertar nele a consciência de que precisa se libertar de algumas bagagens para permitir a chegada do novo:

- O que é necessário ir para que dê espaço para o novo considerando esse assunto?
- O que, se diminuído, ajudaria você a melhorar?
- O que já aconteceu algumas vezes sobre esse assunto que não fará falta?

Descobertas

Você vai usar essa sequência para que seu coachee traga à consciência tudo o que ele já sabe sobre o tema:

- Que coisas incríveis você descobriu sobre você mesmo nesse tema?

Etapa 3 . Definição da meta

- O que te deixa orgulhoso de você mesmo sobre esse tema?
- Qual é o talento que você reconhece em si mesmo quando as pessoas falam sobre você relacionado a esse assunto?
- Qual é o seu grande objetivo com tudo isso?

Limpeza

Esse quarto bloco vai permitir que seu coachee use seu direito de humanização. Ele pode se valer do que precisar para isso, chorar, reclamar, lamentar, para colocar para fora tudo o que pertence ao ciclo anterior e ele se abrir a uma nova fase da vida:

- O que especificamente você pode fazer para se libertar de uma vez por todas do que te aconteceu e se permitir ir além?

Smart

Feita a sequência de perguntas anterior, é hora de ir para a segunda ferramenta, a meta Smart, desenvolvida por Peter Drucker, que, por definição, precisa ter as seguintes características: ser exclusiva, especial, particular e específica;

- Possa ser medida, dimensionada e quantificada;
- Também deve ser alcançável e realizável;
- Que seja importante a ponto de merecer atenção;
- Que tenha prazo definido para acontecer.

Você deve perguntar ao coachee o quanto essa meta está alinhada a ele e aos aprendizados da Etapa 1. Somente esse alinhamento pode dar a ele a motivação para avançar e prosseguir nessa meta. Faça isso usando alguns questionamentos, como:

- Como essa meta está alinhada a quem você é?
- Isso é coerente para você?
- Quão importante isso é para você?

179

- O que precisa ser ajustado para fazer total sentido na sua vida?

Essas observações quanto à meta são muito importantes, porque, às vezes, por não se checar esses itens, o coachee perde a motivação necessária e acaba se desengajando no decorrer do processo.

Além disso, é preciso mensurar os macrossucessos, sobretudo se a meta for grande e superar o término do processo. Para fazer isso, recomendo que se especifique cada uma das vitórias que precisam ser alcançadas nessa jornada, para que ele possa mensurar e comemorar cada uma delas, mesmo depois de vocês não estarem mais seguindo juntos.

Peça que seu coachee se imagine tendo conquistado seu objetivo e que comece a dar passos para trás. Assim, ele vai antecipando o que precisa acontecer três meses antes. Ele vai fazendo isso progressivamente até chegar ao momento atual, sempre anotando os microssucessos.

Com essas informações em mãos, seu coachee terá todos os marcos para alcançar e poderá comemorar essas vitórias. E, além disso, também terá traçado todo o caminho que precisa percorrer. Caso ele se desvie em algum momento, poderá traçar estratégias para voltar à rota que o levará ao objetivo.

Essa consciência ajudará que ele não desanime, mesmo quando as coisas não acontecerem conforme planejou, pois, uma vez que ele tenha consciência do caminho a seguir, poderá replanejar e buscar novas alternativas caso precise.

Eterno beta

É da nossa natureza necessitarmos sempre de melhorias. Queremos sempre aperfeiçoar o que estamos fazendo ou o momento pelo qual estamos passando. O pessoal de tecnologia chama isso de eterno beta, ou seja, eterna evolução. Essa consciência se torna essencial dentro de um processo de coaching, pois, toda vez que seu coachee quiser aperfeiçoar seu tema, você deve questioná-lo sobre a necessidade de ele querer fazer isso, o quanto esse aperfeiçoamento faz sentido para ele.

Além disso você pode explorar essa necessidade de melhoria contínua do seu coachee dentro do processo. Pergunte a ele, ao final de cada sessão, o que deseja alcançar até o próximo encontro. Assim, você estará mensurando o processo de forma bastante pragmática e seu coachee poderá perceber sua própria evolução e melhoria contínua.

Estabelecida a meta para o próximo encontro, é o momento de ele traçar o plano de como vai alcançá-la. Peça para ele colocar post-its em lugares estratégicos para lembrá-lo desse compromisso. Ensine a ele que o que não é visto, não é lembrado.

Uma sugestão bem legal dentro desse contexto, quando o coachee já tiver estabelecido a sua meta Smart, é pedir que ele fale quais são os "sim" que ele precisará dar a si mesmo para alcançar esse objetivo. O que ele vai se permitir para alcançá-la.

Da mesma forma ele vai precisar estabelecer quais são os "nãos" que ele precisará dar em nome desse objetivo. É comum que, num processo, o coachee fique hiperativo e queira fazer tudo o que vier pela frente e muitas vezes essas ações pouco têm a ver com seu objetivo. Assim, ele também precisará aprender a dizer "nãos" a ele mesmo.

Essa consciência trará mais clareza ao coachee em relação ao caminho que o levará à sua meta e às atitudes que ele precisará ter em relação a ela.

Grow

Outra ferramenta dessa etapa chama-se Grow, desenvolvida por John Whitmore. Ela funciona em quatro etapas: na primeira o coachee vai traçar o que deseja alcançar, depois vai perceber o contexto dessa meta, o seu sonho e por último vai planejá-lo. Você fará algumas perguntas ao coachee para que ele chegue a essas informações, conforme a seguir.

Primeira etapa – Meta

- Qual é o resultado que você gostaria de obter dentro do processo?

- O que especificamente você gostaria que acontecesse?

- O que você deseja ter ou ser no lugar do que você tem ou é hoje?

- Se você pudesse tirar uma foto desse cenário, como ela seria? Descreva-a para mim.

Segunda etapa – Contexto

- Numa métrica de 1 a 10, qual a distância que você está hoje do seu objetivo?

- Quais são os seus principais desafios em relação a essa meta nesse momento?

- O que está funcionando agora e o que não funciona?

- O que já foi feito até o momento e que tipo de resultado você teve?

Terceira etapa – Traçar o sonho

- Quais recursos, habilidades e competências você tem para alcançar o objetivo? Eles são suficientes?

- Você conhece alguém que já passou por isso? (A partir daqui você trabalha a flexibilidade.)

- Se sim, como ela iria resolver de forma diferente o que você já tentou?

Caso essa pessoa tenha feito a mesma coisa que ele, peça que pense em outra pessoa que ela não conhece ainda.

- O que ou quem interna e externamente está te atrapalhando?

- Quais são as alternativas para você lidar com esse assunto?

- O que mais pode fazer para alcançar o que deseja e ainda não tentou?

Quarta etapa – Planejamento

- Quais são as ações necessárias para alcançar o objetivo definido?

- Dessas, quais são as três coisas que você já pode implementar imediatamente?

- O que pode delegar e o que você precisa ainda aprender para colocar em prática?

- Quem pode ser seu parceiro nessa jornada?

Com essas perguntas poderosas, ele vai ter mais clareza do seu objetivo e também terá consciência de onde está e aonde quer chegar.

É importante que durante todo o processo você vá trabalhando com seu coachee a flexibilização. Ele deve ter consciência de que, na vida, uma pessoa precisa ter pelo menos três alternativas/escolhas, conforme já dito antes.

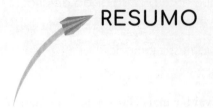

RESUMO

Agora sim! Depois que trabalhamos o autoconhecimento e o sistema de permissões é hora de definir uma meta Smart, clara e objetiva, que passará a ser o centro do processo de coaching. É essencial que a meta seja motivadora e esteja alinhada aos valores e propósitos do coachee.

Sugiro estas técnicas para essa etapa:

- Roda dos papéis;
- Eterno beta;
- Grow.

QUESTÕES PARA REVISÃO

1. Qual é o ponto central dessa terceira etapa?
2. O que caracteriza uma meta Smart?
3. Por que não se pode definir a meta na primeira sessão?
4. Como é aplicada a ferramenta Grow?

CASO PARA VOCÊ SE INSPIRAR

Veja o testemunho da Suzi, participante da comunidade de alunos:

"Gente, estou encantada! Fiz a sessão com meu coachee com a Espiral da Performance! Muito poderosa, não é mesmo? Minha principal aprendizagem foi relativa ao grau de profundidade de pensamento que o coachee consegue alcançar com essa ferramenta! Fiquei realmente impressionada!

Cada vez mais feliz com os resultados, até porque o coachee está performando cada vez mais e a empresa já me solicitou proposta para trabalhar com outros dois gerentes!

Muito feliz!"

PARA PARTICIPAR DA COMUNIDADE EXCELÊNCIA EM COACHING E TAMBÉM RELATAR SUAS EXPERIÊNCIAS COM O USO DO MÉTODO E DO MATERIAL COMPLEMENTAR, ACESSE: HTTP://BIT.LY/COMUNIDADEALUNOS.

*Cedo ou tarde você saberá a diferença
entre saber o caminho e percorrer o caminho.*

Extraído de cena do filme *Matrix*

13. ETAPA 4
MÃO NA MASSA

Chegamos à quarta e penúltima etapa do Método Excelência em Coaching.

Na jornada para chegar aqui, seu coachee trabalhou o autoconhecimento, aprendeu mais sobre seus talentos e suas fragilidades e tudo o que ele precisa fazer para alcançar seu propósito. Na segunda etapa você ajudou seu coachee a entender as suas permissões e o que faz com que ele paralise. Na terceira etapa você e o coachee de fato estabeleceram uma meta.

Agora que ele já tem uma meta, é o momento de ele traçar um plano de ação estruturado, que eu chamo de "mão na massa".

Nele, seu coachee de fato vai colocar a mão na massa e começará a ter resultados mais claros e concretos. Por exemplo, vai aprender a desenvolver a gestão do tempo, prioridades, e vai de fato entrar em ação de maneira mais focada e consciente.

Ele vai entender também que estar em movimento é totalmente diferente de ter resultados. Ele pode, por exemplo, ser um hiper-realizador que, no entanto, se autossabota, pois está sempre agindo, mas não chega a lugar nenhum por não se tratar de movimentos focados no objetivo.

Então nessa fase ele vai aprender a ter foco no que é mais importante. Uma coisa que sempre repito para meus coachees e sugiro que você repita para os seus é: "Primeiro, a primeira coisa".

O coachee precisa aprender a focar o que é mais importante. Às vezes ele vê tantos obstáculos a serem ultrapassados que paralisa, acha que está tudo tão difícil, que acaba não fazendo nada.

Só para você entender a importância dessa etapa, vou contar algo que aconteceu comigo. Estava conversando com um ex-coachee, para contratar os serviços dele, e perguntei como estava a sua realização, seus planos, já que fazia um ano que tínhamos terminado o processo de coaching.

Ele me falou que quando me procurou tinha muitas metas e, se não tivesse feito o programa, teria se perdido em tantas atividades e provavelmente ainda não teria realizado nada. Essa pessoa traçou comigo o seu plano de vida, nas metas de curto, médio e longo prazo, e me agradeceu, pois até hoje segue o plano de ação que traçamos juntos.

Foi muito gratificante para mim ouvir esse feedback. Se ele não tivesse feito o processo, talvez não tivesse conquistado o sucesso que tem hoje com mais leveza.

É isto que você vai aprender a fazer nessa etapa do método: dar um passo a passo para seu coachee. Você terá o privilégio de ter esse tipo de reconhecimento do seu coachee, que mesmo depois de um bom tempo poderá estar trabalhando no roteiro que construiu junto com você no processo.

É fundamental explicar para seu coachee que, mesmo que ele tenha entrado em ação desde o primeiro encontro, essas foram ações de cunho comportamental, emocional, de crenças e ações para a meta. É neste momento que os resultados das ações dele serão mais consistentes. Quando seu coachee entende isso, ele vai sentir mais segurança com o método.

O interessante é que nessa fase ele já saiu do automático, dessa forma a consolidação dos resultados é muito mais fácil.

Tome cuidado nessa fase, pois, se seu coachee for muito realizador, vai pensar que não precisa continuar com o processo. No entanto, é importante você mostrar para ele que é nessa fase que ele vai adquirir consistência e, se ele prosseguir com você, o resultado dele será consolidado, pois a mente dele estará trabalhando de forma a fazer todas as conexões neurais que são necessárias para estabelecer de fato aquelas transformações.

Há algum tempo atendi uma pessoa que estava tentando lidar com uma questão muito complicada. Ele me procurou e contratou o meu trabalho, pagando pelas cinco sessões que fazem parte do meu processo e que com o tempo farão parte do seu também. Quando acabou a terceira etapa, ele me disse que estava muito satisfeito e tinha realizado o seu objetivo, agradeceu e disse que não precisava mais dos serviços.

Esse foi o momento em que mostrei a consistência do Método Excelência em Coaching, pois se ele tinha resolvido uma questão que estava há anos o perturbando em três etapas, imagine se ele se permitisse ir além. Foi isso que eu expliquei a ele e, é claro, escolheu prosseguir comigo.

É importante você saber explicar para seu coachee que ele vai trabalhar na quarta etapa um plano de ação, e que este plano é do tamanho da meta dele. Aqui, será trabalhado um conjunto de tarefas, por isso é importante você prestar atenção no prazo entre os encontros e moldar isso com ele, para que ele tenha tempo para realizar todas as ações.

Conforme o processo for progredindo, você e seu coachee vão perceber como o método é consistente e faz todo sentido. Nessa fase, por exemplo, é comum aparecerem alguns sabotadores que não surgiram na etapa de crenças, já que seu coachee estará entrando em ação focado nesse momento. Assim, você poderá retomar com ele alguma ferramenta dessa etapa.

Nessa fase do Método Excelência em Coaching ficará mais visível também o funcionamento da espiral do sucesso, trabalhado anteriormente com ele. O seu coachee vai começar a pôr a mão na massa e você vai perceber que, conforme ele vai tendo os resultados de suas ações, o senso de certeza dele vai mudando e cada vez mais ele passa a acreditar na realização do seu objetivo.

Agora que você já conhece a estratégia dessa etapa, vamos partir para a ação. Vou mostrar os exercícios que poderão ser utilizados. O primeiro deles será a rota de ação em duas ou mais camadas.

TÉCNICAS SUGERIDAS PARA A ETAPA 4

Rota de ação em duas ou mais camadas

Essa ferramenta é muito poderosa, vem de um modelo de gestão de projetos e você poderá aplicá-lo de várias formas com seu coachee.

Uma das maneiras é desenhar todas as etapas em um papel. Você pode também fazer as etapas usando post-its e colando numa folha de papel. Se estiver atendendo presencialmente, poderá fazer esse mapa de ação no chão para que seu coachee caminhe pelas etapas que ele deverá cumprir. Essa forma é muito poderosa, pois mexe com a fisiologia do seu coachee.

Vou ensinar a fazer com os post-its, que você pode usar inclusive se o atendimento for on-line, e poderá adaptar para qualquer umas das outras formas, como o aplicativo Sticky Note, que permite isso.

Na etapa anterior você estabeleceu uma meta com o coachee. Neste momento, você vai começar a traçar os caminhos para ele alcançar essa meta. Escreva o estado atual do seu coachee em um post-it e sua meta em outro, com data de realização. Feito isso, você vai perguntar ao seu coachee quais são os cinco microsucessos que precisam acontecer para que ele alcance esse objetivo. Coisas que se acontecerem vão garantir que esse objetivo seja alcançado. Você vai escrever cada um deles em post-its e vai colar na folha. Você acabou de construir a primeira camada da rota de ação do seu coachee.

Na segunda camada você vai começar a trabalhar as ações para alcançar cada um desses microsucessos. Pergunte ao seu coachee cada uma das ações que ele precisa ter para alcançar aquele microsucesso. Escreva-as em post-its e cole na folha construindo uma camada abaixo da feita anteriormente. Você pode fazer quantas camadas quiser. É interessante orientar o seu coachee a colocar o post-it em um quadro à parte, com o título "Feitos", toda vez que ele já tiver realizado uma ação.

Você pode adaptar esse exercício para uma dinâmica mais lúdica, fazendo desenhos numa folha de A4 ou A3, e também pode adaptar, em caso de encontros presenciais, para uma dinâmica espacial, em que o coachee começa a andar marcando os seus microsucessos e as ações para alcançar a sua meta.

Vamos supor que você resolva fazer esse exercício, acompanhe:

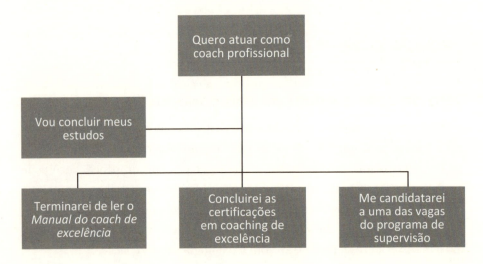

Etapa 4 . Mão na massa

Roda CHA

Outra ferramenta é a roda CHA (Conhecimentos, Habilidades e Atitudes), que é um conceito vindo da administração. Para qualquer meta que você tenha, vai precisar dessas etapas. Por exemplo, para ser um coach de excelência você vai precisar de conhecimentos, habilidades e atitudes. Assim também é com seu coachee, para qualquer meta que ele estabelecer, vai precisar desses três itens.

Conhecimento é o que aprendemos, seja na escola, em livros, seja simplesmente em nossa vida. Habilidade é o saber técnico, aquilo que fazemos na prática, no dia a dia. Atitude é se colocar em ação, é como você se posiciona diante dos desafios diários.

Como você já sabe, chamo a ferramenta de roda, mas isso é só uma metáfora para que você entenda melhor o funcionamento do exercício. Na verdade, você vai precisar perguntar para o seu coachee quais são os dez conhecimentos, as dez habilidades e as dez atitudes que ele precisará desenvolver para alcançar a sua meta. Você vai listar cada uma delas e pedir que ele avalie cada um dos itens dessa lista dando notas de 1 a 10.

Faça a atividade como se estivesse executando qualquer ferramenta de roda do coaching habitual, como elencado anteriormente. Depois de estabelecidos todos os itens, você vai perguntar qual desses elementos avaliados vai aproximá-lo do seu objetivo e, estabelecida a alavanca, ele vai escolher as ações que vão ajudá-lo nesse sentido.

Essa ferramenta é ótima, pois seu coachee vai entender que para alcançar um objetivo é necessário, além de entrar em ação, ter o conhecimento de que tipo de movimento ele precisa executar e quais habilidades precisa desenvolver para alcançar o objetivo.

Outra forma de aplicar essa técnica, e também de maneira muito enriquecedora, é não se preocupar com a definição do que é competência, habilidade ou atitude. Dessa forma, peça apenas que seu coachee elenque 10 coisas que são importantes para alcançar sua meta, seja competência, habilidade, seja atitude. Peça em seguida que ele dê notas a cada uma delas e escolha uma alavanca.

Campo de forças

Esse exercício, desenvolvido a partir dos estudos de Kurt Lewin, é fantástico! Você vai pedir que seu coachee escreva sua situação atual e a situação desejada.

193

Pergunte quais são as forças que estão dentro dele que o levarão a alcançar o objetivo. Da mesma forma, você vai pedir que ele liste as forças contrárias em relação ao seu objetivo.

Feita a lista, você vai pedir que ele trace uma ação para cada uma das forças, de forma que ela seja mantida e fortalecida ainda mais. Ele vai fazer a mesma coisa com suas forças contrárias, traçar um plano de contingência em relação a elas, para que aquilo o limite cada vez menos.

Terminado o estabelecimento das ações, peça que o seu coachee escolha três daquelas ações para realizar até o próximo encontro. Isso vai aumentar o comprometimento e engajamento do coachee.

É importante que, mesmo que os sabotadores apareçam nessa etapa, já que é uma fase de muito movimento, você ensine ao seu coachee que ele pode seguir mesmo assim e que pode retomar alguns conhecimentos que você já passou para ele, como o DCD. Assim seu coachee vai entender que existe um método e vai acreditar cada vez mais no processo.

Gerador de energia

Esse é um recurso que também vai ajudar o coachee, pois sabemos que o processo de coaching, por ser muito pragmático, pode levá-lo a sentir cansaço e desânimo. Se isso acontecer, trabalhe com ele o gerador de energia.

Essa ferramenta é uma livre adaptação da matriz Swot, criada por Kenneth Andrews e Roland Christensen, e amplamente usada na administração.

Você vai desenhar com ele um quadro com seus geradores de energia, como no modelo:

O que está dentro de mim que me dá energia?	O que está fora de mim que me dá energia?
O que está dentro de mim que me tira energia?	O que está fora de mim que me tira energia?

O esquema de quadrantes é muito simples e ao mesmo tempo muito eficaz para mostrar ao coachee o que ele tem feito que tem roubado a sua energia e o que ele tem feito que tem gerado energia, podendo gerenciar suas forças a partir dessa consciência.

Instrua ele a falar o maior número de itens possíveis. A primeira pergunta é o que está dentro dele que lhe dá energia, conforme ele for falando você vai listando tudo. Faça isso com todas as perguntas do quadro e anote todas as respostas.

Depois de feito o desenho do quadrante, pergunte ao coachee onde ele tem colocado o foco dele. Se ele está sem energia, provavelmente tem dado mais foco ao que tira a sua energia. A partir disso você vai pedir que ele fale quais as ações precisa tomar para que sua energia aumente.

Agora é hora de você colocar a mão na massa e testar todo esse conhecimento. Você perceberá como seu coachee ficará grato, já que ele vai ter mais clareza das ações que o levarão a alcançar o seu objetivo.

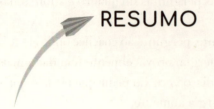

RESUMO

Uma vez definida a meta, é hora de traçar e executar as ações que vão levar o coachee à transformação desejada.

Geralmente o coachee tem tanta coisa para fazer, que é preciso ajudá-lo a focar o que é importante. Por isso, você precisa acompanhar de perto seu coachee para garantir o sucesso do processo.

Estas são as técnicas que sugiro para essa etapa:

Rota de ação;

- Roda CHA;
- Campo de forças;
- Gerador de energia.

QUESTÕES PARA REVISÃO

1. O que acontece durante a quarta etapa?
2. Por que o foco é tão importante na Etapa 4?
3. O que fazer se durante a Etapa 4 vir à tona alguma crença limitante?
4. Como funciona a roda CHA?
5. De que forma podemos "gerar energia" para engajar o coachee?

CASO PARA VOCÊ SE INSPIRAR

Veja o testemunho da Ari, participante da comunidade de alunos:

"6ª sessão, Quadrante das possibilidades.

A sessão com minha coachee voluntária foi reveladora (palavras dela).

O que mais gostei nessa sessão foi ter de maneira palpável o porquê eu faço ou não algo e quais os ganhos e perdas, e isso é fundamental quando precisamos tomar decisões.

Ela amou, pois conseguiu perceber que a única que a impede é ela mesma. Gratidão."

> **PARA PARTICIPAR DA COMUNIDADE EXCELÊNCIA EM COACHING E TAMBÉM RELATAR SUAS EXPERIÊNCIAS COM O USO DO MÉTODO E DO MATERIAL COMPLEMENTAR, ACESSE:**
> **HTTP://BIT.LY/COMUNIDADEALUNOS.**

A grande conquista somente é possível por fora quando a alma a conquista por dentro.

Ramatis

14. ETAPA 5
O VOO DA ÁGUIA

Esta é a última etapa do Método Excelência em Coaching. Agora vamos falar sobre a etapa do voo da águia, em que seu coachee vai ter a oportunidade de reconhecer tudo o que já houve de mudanças dentro dele, tudo o que ele já alcançou, validar isso e também desenvolver autonomia para que possa prosseguir sozinho.

É bom você estar atento a essa autonomia, pois existem coaches que ficam orgulhosos porque seu coachee quer renovar o processo com ele. É comum o coachee querer continuar com você porque você fez um trabalho muito bom, mas é importante você validar se ele quer continuar com você porque gostou muito do seu trabalho ou se ele ainda não desenvolveu autonomia para seguir sozinho em sua jornada.

Se ele quer renovar para continuar trabalhando a mesma meta ou uma meta parecida, fique atento, pois esse é um indicador de que seu processo não foi transformador o suficiente ou que você está se tornando uma "bengala emocional" para seu coachee. Ambas situações são negativas e devem ser corrigidas.

Agora, se seu coachee quer trabalhar outra meta, em outra área de sua vida, parabéns! Isso indica que seu trabalho foi muito transformador e poderoso.

Estimule seus coachees a terem recursos para seguir, mesmo sem você. Dessa forma, se eles já alcançaram a meta ou parte da meta, o melhor é não renovar o contrato e deixar que sigam de forma independente.

Esse é um momento muito bonito, porque a partir da própria realização do seu coachee, ele vai ter a oportunidade de construir novos padrões que façam sentido para ele e você vai prepará-lo para seguir em frente.

Lembre-se do caso da chefe de enfermagem que estava estudando medicina ou do empresário de construção que saiu de uma dívida milionária para ter um bom dinheiro no bolso?

Esses dois casos começaram num processo de coaching, mas só foram concluídos bem depois. Por isso, é parte essencial do Protocolo de Atendimento para coaches empoderar o coachee para ele continuar firme no alcance de sua meta, mesmo após o fim do processo.

Para começar, vou compartilhar com você uma ferramenta de gestão do tempo importante que é a correção de rumo, ou correção de rota.

TÉCNICAS SUGERIDAS PARA A ETAPA 5

Correção de rota

Nessa fase o seu coachee já alcançou alguns resultados e sabe que existem alguns passos propostos que ele precisa continuar realizando ao longo do processo, mas é importante que você o ajude a ter clareza sobre eles.

Para isso, você vai validar com ele tudo o que ele já realizou até o momento, para que possa mensurar os resultados e corrigir o que for necessário.

Sendo assim, valide o que ele já alcançou e os resultados que ainda estão pendentes e avalie a relação que existe entre o que ele já alcançou e o que ele realizou como tarefa até esse momento do processo. Ao relacionar esse paralelo, ele vai observar o que é necessário ajustar para alcançar o que ainda está pendente em seu processo.

Nessa etapa vocês poderão, juntos, estabelecer novos prazos de ações para chegar aos resultados que ainda não foram completados e também poderão estabelecer novas metas, caso seu coachee já tenha alcançado o seu resultado e decida ir além.

Preenchendo essa matriz, ele vai perceber o que fez e o que teve como resultado, assim como o que precisa ajustar ou deixar de fazer para alcançar os resultados que ainda não foram atingidos.

Rota de ação

Passos propostos	Passos realizados
Resultados alcançados	Resultados pendentes
Ajustes	Novo prazo

Lista dos sonhos

Estamos caminhando para a finalização da quinta etapa do método e o seu coachee, nesse momento, já realizou muitos objetivos, alcançou marcos estabelecidos que o aproximaram da meta e já viu o que faz sentido para ele e o que não faz. Esse é o momento em que você vai ajudá-lo a sonhar, ir além e fazer um planejamento de longo prazo.

Se ele já alcançou sua meta, é mais tranquilo, porque já percebeu tudo o que conquistou e sabe que pode ir além. Se ainda estiver numa fase de reestruturação do seu objetivo, de planejamento, ele já sabe o que alcançou, já entendeu a lógica do processo, teve alguns resultados e também vai perceber que é possível ir além seguindo o método.

Você vai trabalhar com ele, nesse momento, em uma lista de sonhos, e vai estruturá-la com os níveis neurológicos, desenvolvidos por Robert Dilts e Todd Epstein, sendo um modelo amplamente usado na área de desenvolvimento humano. Os níveis neurológicos são um processo evolutivo que permite hierarquizar e organizar pensamentos, informações e comunicações. Quando aplicar essa ferramenta, verá como é gostoso fazer seu coachee perceber tudo o que é possível.

Você vai ajudá-lo a criar novas conexões neurais que vão levá-lo a prosseguir de forma mais confiante.

Num primeiro momento, peça para o coachee escrever, no campo das possibilidades, o que ele deseja realizar, todos os seus sonhos em todas as áreas da vida.

Aqui falaremos de bens materiais, de relacionamento, sobre tudo o que ele quiser. Nesse momento ele só tem o compromisso de sonhar, listar vinte, trinta sonhos, sem precisar se preocupar em como conseguir alcançá-los.

Na segunda fase da ferramenta, oriente-o para que coloque nessa lista datas para realizar cada um dos objetivos. Caso o sonho seja para o longo prazo, basta colocar o ano de realização, e não uma data específica.

Então, organize os sonhos em ordem cronológica de realização, desde o mais recente até o último, conforme as datas que ele estipulou.

Peça para ele respirar fundo, relaxar e leia para ele essa lista, enquanto ele valida a ordem dos acontecimentos, sem se preocupar em como realizá-los. Ele vai simplesmente ouvir e perceber se essa sequência cronológica que ele estipulou faz sentido para ele.

Assim que validar a sequência, você vai convidá-lo para passar por uma experiência, para que ele possa perceber, nesse momento, como vai ser para ele alcançar tudo isso.

Para isso acontecer, você vai investigar com ele distribuiu cada um dos níveis neurológicos da realização do seu último objetivo. Os níveis neurológicos são: o nível de ambiente, do comportamento, da identidade, crença e espiritualidade. Eles possuem uma hierarquia, conforme a imagem abaixo.

Lendo para ele a última meta e sua respectiva data, pergunte como é o ambiente em que ele está naquela situação, quando seu sonho já está realizado. Como é a casa em que mora, o lugar em que trabalha, as pessoas que estão com ele. Peça que ele descreva com riqueza de detalhes todos os ambientes que compõem essa fase da sua vida.

O próximo passo será pedir que ele observe os comportamentos que desenvolveu para ter tudo aquilo que estipulou. Por exemplo, quais comportamentos desenvolveu para ter "uma fazenda" ou "ter viajado o mundo". Seja criterioso ao descrever esses novos comportamentos que ele obteve. Escreva tudo, enquanto ele relaxa e se conecta consigo mesmo.

No próximo nível, você vai perguntar quem é ele nesse momento em que alcançou esses sonhos, em que pessoa se transformou. Acolha qualquer resposta que ele der, o que fizer sentido para ele.

Indo para o próximo nível você vai perguntar todas as crenças que ele precisou desenvolver para realizar esses objetivos, tudo o que não acreditava e passou a acreditar, quais foram as novas verdades, no que ele acredita agora que chegou tão longe.

E no último nível você vai pedir que ele diga quem mais pôde propiciar isso a ele, quem mais faz parte disso, quem permitiu que ele alcançasse tantas coisas. Nesse momento ele pode dizer que é Deus, ou o apoio de sua família, o Universo, enfim, ele vai dizer o que faz sentido para ele.

Agora que você já tem todas as informações, de todos os níveis neurológicos desse sonho maior, convide-o a fechar os olhos e leia tudo o que ele falou em cada nível, para que ele possa sentir toda a jornada da sua realização.

Nesse momento, ao ouvir você repetir tudo o que ele falou, seu coachee vai passar a desenvolver novas conexões que vão permitir que ele perceba que além de sonhar, é possível realizar seus sonhos. Você vai ajudá-lo a compreender o caminho que o leva aos seus objetivos.

Quero que você fique muito tranquilo em relação a essa ferramenta, ela é muito poderosa e todos meus alunos têm tido ótimos resultados com ela. Se você ficar inseguro, pratique com você mesmo e perceberá as maravilhas dessa técnica.

House of Change

Vou ensinar para você um exercício muito precioso que se chama House of Change, desenvolvido por Jane Greene e Anthony Grant. Ele tem esse nome porque, depois de pronto, seguindo as linhas que ligam um alicerce a outro, você perceberá que a estrutura dele se parece com a de uma casa.

Esse exercício é muito famoso e com ele você ajudará seu coachee a se reconhecer como um ser integrado e compreender o encadeamento de suas ações. Nesse momento ele vai entender todas as etapas pelas quais passou, tudo o que isso desencadeou e poderá seguir nelas para continuar consolidando o processo de coaching.

Para começar o exercício, você vai recapitular a meta que ele teve no início do processo, o que ele buscava quando o procurou.

Então você vai perguntar para seu coachee quais foram as situações que o favoreceram a alcançar essa meta. Ele falará o que havia de bom e os desafios que precisou enfrentar para alcançar esse objetivo, vai rever todas as situações que aconteceram e as que ele criou para chegar a esse ponto.

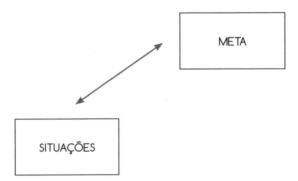

Além disso, ele vai dizer quais foram os comportamentos que ele precisou desenvolver para alcançar essa meta.

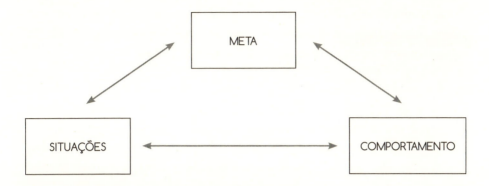

Aqui ele já vai começar a perceber como tudo está interligado. Assim que vocês conversarem sobre essas ligações, pergunte para ele quais foram os sentimentos que ele começou a desenvolver para que esses comportamentos evoluíssem.

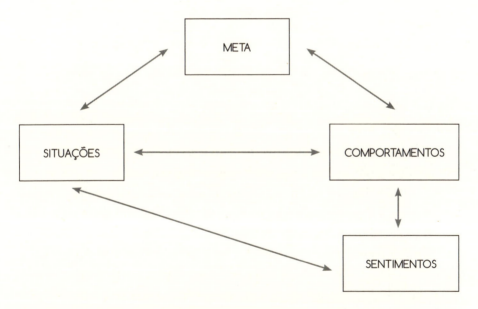

Conforme ele for falando, vá alinhando todas as etapas que ele percorreu para alcançar aquela meta, converse a respeito dos sentimentos que ele desenvolveu e como eles resultaram em novos comportamentos, que geraram novas situações e que o ajudaram a alcançar a meta. Você vai mostrar para o seu coachee o processo pelo qual ele passou.

Você então vai perguntar para ele quais foram os pensamentos que precisou desenvolver para alcançar a sua meta. Da mesma forma, para cada uma das perguntas que você fizer, valide com ele as ligações que há entre cada uma dessas partes, ajudando-o a perceber que uma coisa leva a outra. As setas do desenho podem te ajudar enquanto vocês fazem a análise.

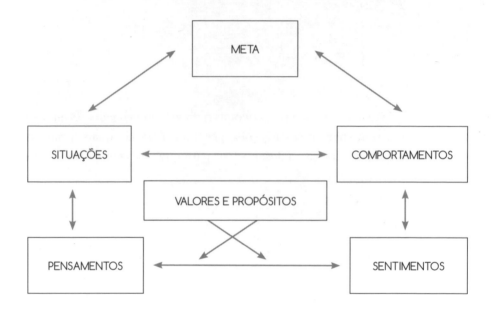

E por último você vai validar com ele os valores e o propósito que sustentaram toda essa meta, todo esse alicerce que ele construiu.

Ele vai perceber tudo o que usou para alcançar o objetivo desejado, tudo o que conseguiu e por que alcançou esses resultados. Vai reconhecer o caminho que traçou e validar a lógica do método.

Ele vai perceber que o resultado foi de acordo com sua energia e disposição em perseguir esse fim e que tudo está alinhado de maneira lógica, dentro de um método. Mesmo que ele sinta que poderia ter ido além, e detecte algum desconforto, encoraje-o a, a partir desse exercício, seguir o método que ele aprendeu para continuar a jornada.

Ao acabar o exercício você vai refazer com ele a roda personalizada ou a ferramenta que você usou para iniciar o processo. Fazemos isso para validar o método com ele, então você vai retomar todos os itens que seu coachee colocou e fará uma nova avaliação. Essa ferramenta ajuda seu coachee a perceber tudo o que ele já evoluiu até aqui.

Ao validar o processo, você vai fazer uma pesquisa com seu coachee para que ele avalie seu desempenho, o processo como um todo, o que fez sentido para ele, quais foram os ganhos e como ele se percebe daqui para a frente. Esse momento é o final do método e você vai amar porque irá validar seu trabalho.

AVALIAÇÃO DO PROCESSO DE COACHING

É importante retomar a roda personalizada ou o TED no último encontro. Na verdade, você vai repetir o exercício que realizou no início do processo para comparar os valores atribuídos e para que o coachee possa partilhar aprendizados, ganhos e expressar o que ficou de mais importante no processo de coaching.

Outro ponto importante é enviar um pequeno questionário na semana de encerramento para que ele possa responder a algumas percepções, conforme as que se seguem:

1. Na sua percepção, quais foram os maiores ganhos e aprendizados durante o processo de coaching?

2. Qual foi o seu comprometimento e sua motivação durante o processo?

3. O que mudou no seu comportamento, nas suas habilidades e atitudes na área que foi trabalhada com o coaching?

4. Que comportamentos foram bons e quais podem ser melhorados?

5. Como você avalia a atuação do profissional durante o processo?

6. Deseja deixar algum breve relato ou testemunho sobre o trabalho realizado?

Ainda recomendo que, após um mês da conclusão do atendimento, você entre em contato para saber como andam as coisas e para ele saber que você se preocupa com resultados consistentes.

RESUMO

Um dos grandes diferenciais do coaching é que ele é um processo curto, garantindo uma transformação rápida, graças à aplicação de técnicas desenvolvidas com lastro científico. Por isso, é importante encerrar dando oportunidade ao coachee de reconhecer toda a transformação que passou após entrar em seu coachtório.

É preciso dar autonomia para que o coachee siga adiante e não transforme você numa "bengala emocional".

Isso não significa que não seja possível renovar um processo de coaching, mas que cada novo processo deve envolver novas metas em outras áreas da vida.

Por fim, é preciso avaliar todo o processo de coaching para perceber os pontos de melhoria.

As técnicas que sugiro são:

- Correção de rota;
- Lista de sonhos;
- House of Change.

QUESTÕES PARA REVISÃO

1. Por que é importante dar autonomia ao coachee ao final do processo?
2. E se o coachee não quiser terminar o processo, o que você deve fazer?
3. Como se aplica a lista de sonhos?
4. Qual a importância de fazer uma avaliação ao final do processo?

 ## CASO PARA VOCÊ SE INSPIRAR

Veja o testemunho da Juliana, participante da comunidade de alunos:

"Meta: se tornar bióloga e largar o emprego público de professora, que não a satisfaz. O medo a empacava de investir em uma mudança que poderia não dar certo. A mudança ocorreu na etapa 3, quando iniciamos o trabalho com a meta, quando ela se motivou e ganhou mais coragem para investir em seu objetivo."

> **PARA PARTICIPAR DA COMUNIDADE EXCELÊNCIA EM COACHING E TAMBÉM RELATAR SUAS EXPERIÊNCIAS COM O USO DO MÉTODO E DO MATERIAL COMPLEMENTAR, ACESSE:**
> **HTTP://BIT.LY/COMUNIDADEALUNOS.**

Se você for um varredor de ruas, seja o melhor varredor do mundo. Varra as ruas como se fosse Beethoven compondo, Leonardo da Vinci pintando ou Shakespeare escrevendo... assim, cada pessoa que contemplar o seu trabalho pode dizer: por aqui passou o melhor varredor de ruas do mundo.

Martin Luther King Jr.

15. O FUTURO DO COACHING NO BRASIL E NO MUNDO

Antes de traçar brevemente uma análise sobre o futuro do coaching no Brasil e no mundo, queria ressaltar que o mercado de coaching cresceu mais de 300% nos últimos quatro anos. O Brasil já conta com mais de 73 mil profissionais, segundo a International Coach Federation (ICF). Em todo o mundo, o mercado de coaching movimenta 2,3 bilhões de dólares.

Em 2017, tive a oportunidade de realizar o primeiro Encontro Nacional de Coaches, com cerca de duzentos profissionais de todo o Brasil e a presença de estudiosos de várias áreas do coaching com o tema "O futuro do coaching no Brasil e no mundo".

Todos foram unânimes em dizer que, apesar de hoje haver uma infinidade de livros, cursos, revistas e um grande volume de informações disponíveis sobre o assunto, considerando as mais diversas áreas, este ainda é um campo de estudos com potencial para ser cada vez mais aprofundado, pesquisado e, principalmente, praticado.

O coaching como carreira se expandiu rapidamente. É verdade que muitos se aventuram por uma promessa de dinheiro fácil e sem esforço. Mas esses são como fogo de palha: da mesma forma que surgem repentinamente, também se vão. Isso porque, para se consolidar como um profissional sério, você precisa ter um método, com um protocolo de atendimento, passo a passo com bases científicas. Isso faz com que você se sinta seguro. Porque é simples: coach que não tem método, tem medo. É para acabar com a sua insegurança para atender qualquer pessoa que temos vários programas, como formação em coaching, supervisão de atendimento e o protocolo de atendimento que desenvolvemos a partir da experiência diária de atendimento.

Isso porque quando você sabe o que está fazendo, seu coachee vê profissionalismo no seu trabalho e tranquilidade para seguir o processo, cumprindo as tarefas de forma engajada. E o melhor é a certeza de que coachees engajados alcançam seus objetivos. Simples assim.

Quando você fomenta esse tipo de resultado, além da gratidão e reconhecimento daquele que você ajudou, sua reputação aumenta na empresa e em todos os lugares que seu coachee puder recomendar.

Para um profissional se destacar, tanto atendendo empresas como pessoas, precisa estudar, praticar e estar sempre atualizado na linha de estudos que escolheu.

Vejo muitos coaches que ficam patinando porque buscam um método aqui, uma novidade acolá, na intenção positiva de terem a melhor performance, mas, ao contrário, o que acontece é que criam um Frankenstein, conforme explicamos esse conceito em capítulo anterior.

Todo método que é validado cientificamente tem começo, meio e fim. E é isso que recomendo que adote. Se escolheu o método que compartilhamos aqui (ou qualquer outro que tenha comprovação científica), estude, pratique, aprofunde, porque essa é a dica de ouro para você alcançar excelência em coaching.

Cada vez mais pessoas e empresas reconhecem o coaching como uma força eficiente para alcançar seus objetivos. Isso abre uma oportunidade real de atuação profissional em diversas áreas. Vejo a cada dia alunos prosperarem em meios antes nunca imaginados, como coach de emagrecimento, para mães, concurso, empoderamento feminino e tantos outros, além dos já conhecidos atendimentos de carreira, executivo, life etc.

Já disse em outro momento do livro e repito agora: acredito que ser coach é mais que uma carreira, é mais que uma profissão, é a oportunidade de ser luz na vida das pessoas. Para isso, é importante que você saiba como garantir uma transformação na vida daquele que lhe procura.

Por outro lado, após ter tido uma jornada no mundo corporativo que me proporcionou uma carreira bem-sucedida, recomendo que você, leitor, compreenda e encare que o sucesso como coach está diretamente relacionado à sua busca por excelência em coaching, ou seja, garantir a transformação na vida das pessoas utilizando um método que lhe dê plenas condições de atendê-las de maneira profissional e ética.

RESUMO

Apesar do forte crescimento do coaching no Brasil e no mundo, muitos profissionais se sentem perdidos e não estão de fato preparados para transformar a vida das pessoas.

Como executiva de carreira em uma organização líder em seu setor, senti falta de processos e protocolos para orientar o atendimento em coaching.

Acredito firmemente que ser coach é mais do que uma profissão, é uma missão de luz pela qual podemos ajudar pessoas a superar seus limites e alcançar seus sonhos.

Por isso, me vejo na obrigação de compartilhar o Protocolo de Atendimento para Coaches para que o coaching continue crescendo fortemente, mas com consistência.

QUESTÕES PARA REVISÃO

1. Por que todo coach que tem método não tem medo?
2. Como o coaching surge como oportunidade real de uma nova carreira?
3. Qual é a solução para garantir que o coach consiga atender com excelência?

CASO PARA VOCÊ SE INSPIRAR

Veja o testemunho da Fernanda, participante da comunidade de alunos:

"Tenho uma coachee que no final da etapa de autoconhecimento já estava muito consciente das mudanças que vinha experimentando, então apliquei a ferramenta roda dos papéis. Após ela listar todos os papéis que está exercendo atualmente ficou muito emocionada, pois não tinha ideia de quanto estava atuante e realizando muitas atividades ao mesmo tempo. Minha coachee parou a vida profissional de pedagoga para ter os filhos e hoje os meninos estão com 6 e 3 anos, o desejo dela era voltar a dar aula, mas ao relatar o que de bonito aprendeu com os papéis que exerce nesse momento de sua vida, concluiu que a maternidade é o seu papel mais importante e que a profissão de pedagoga é que dá a ela bagagem para realizar bem todas as outras, e aprendeu como lição que ser uma educadora é o que possibilita a ela exercer com amor todos os seus outros papéis, mesmo assim é o único papel que ela precisava deixar ir justamente porque o objetivo de trabalhar fora, que é o que ela mais queria nesse momento, não se encaixa na sua rotina. Porém percebeu que pode criar uma nova maneira de trabalhar e aperfeiçoar seus estudos sem sair de casa, pois criou uma agenda com suas atividades diárias. Esse é o poder do coaching."

PARA PARTICIPAR DA COMUNIDADE EXCELÊNCIA EM COACHING E TAMBÉM RELATAR SUAS EXPERIÊNCIAS COM O USO DO MÉTODO E DO MATERIAL COMPLEMENTAR, ACESSE: HTTP://BIT.LY/COMUNIDADEALUNOS.

PRÓXIMOS PASSOS

A constância é a mãe do sucesso, e a prática é a mãe da excelência.

Após mais de 8 mil horas de atendimento, o que fica para mim é que não há livro, treinamento ou vivência maior para ser luz na vida das pessoas do que, de fato, lidar com a pessoa no dia a dia.

Agora encerramos o Manual do Coaching de Excelência, no qual compartilhei o Protocolo de Atendimento para Coaches, parte do Método Excelência em Coaching.

Fico muito grata, muito mesmo, por estar com você até aqui, porque essa é a minha missão pessoal de vida. Afinal, por meio do coaching podemos prosperar ajudando as pessoas a realizarem seus sonhos! E também podemos ajudar nossos filhos, nossa comunidade e transformar vidas.

Isso é fantástico! Seu coachee fica supercontente em fazer o investimento em coaching porque sabe da transformação que terá ao final. Isso é profissionalismo. E ajudar o coach a atuar de forma profissional é maravilhoso. Atendendo com segurança, garantindo a transformação na vida das pessoas e vivendo bem como coach, cada vez mais pessoas poderão se beneficiar de um processo de coaching.

É como uma pedra que cai na água e as ondas vão crescendo e crescendo e crescendo.

Por isso, sou muito grata por você me permitir estar ao seu lado nessa jornada.

Você tem algumas opções para seguir adiante em sua jornada como coach de excelência:

- Atuar sozinho, na base do "tentativa e erro", usando os recursos que já tem;

- Se aprofundar no estudo do Protocolo de Atendimento para Coaches, com aulas em vídeo, apostila em PDF e o acompanhamento do meu time de trainees;

- Participar do Programa de Educação Continuada para Coaches e Terapeutas, aplicando técnicas de outras áreas em suas sessões, como PNL, hipnose ericksoniana e neurociência;

- Ter meu acompanhamento ao seu lado, ajudando a superar as dificuldades de sua carreira como coach, junto com outros profissionais que estão na mesma jornada por meio do Programa de Supervisão Excelência em Coaching;

- Fazer uma formação completa em Especialista em Coaching de Carreira até a graduação de master coach.

Independentemente de sua escolha, pode contar com meu Time de Cuidados para esclarecer qualquer dúvida sobre o Protocolo de Atendimento para Coaches ou o Método Excelência em Coaching.

Basta entrar em contato com a gente:

Email: contato@channavasco.com.br

WhatsApp: (31) 9-9525-5874

Facebook: https://www.facebook.com/aexcelenciaemcoaching

Instagram: https://www.instagram.com/channa_vasco

YouTube: https://www.youtube.com/excelenciaemcoaching

Estamos juntos na jornada de ser luz na vida das pessoas.

Conte comigo.

Channa Sanches Vasco

REFERÊNCIAS BIBLIOGRÁFICAS

ANDREAS, S.; ANDREAS, C. *A essência da mente.* São Paulo: Summus, 1993.

BANDLER, R.; GRINDER, J. *Ressignificando.* São Paulo: Summus, 1993.

_____.; _____. *Sapos em príncipes.* São Paulo: Summus, 1986.

BULK, M. *Vencendo limites.* São Paulo: Brahma Kumaris, 2013.

CHAMINE, S. *Inteligência positiva.* Rio de Janeiro: Objetiva, 2013.

CHIAVENATO, I. Administração. Rio de Janeiro: Elsevier, 1998.

_____. *Construção de talentos:* coaching & mentoring. Rio de Janeiro: Elsevier, 2002.

DENSKY, A. B.; REESE, M. Programmer's Pocket Summary. Indian Rocks Beach, USA. Southern Institute of NLP, 1993.

DWECK, C. S. *Mindset:* a nova psicologia do sucesso. São Paulo: Objetiva, 2017.

FELIPE, M. *Transformando pessoas.* Rio de Janeiro, RJ. Semente, 2012.

FREDRICKSON, B. L. *Amor 2.0.* São Paulo: Companhia Editora Nacional, 2015.

FREUD, S. *Obras psicológicas completas de Sigmund Freud.* Rio de Janeiro: Imago, 1969.

GARDNER, H. *Inteligê*ncias mú*ltiplas.* Porto Alegre: Artes Médicas, 1995.

GOLDSMITH, M. *O efeito gatilho.* São Paulo: Companhia Editora Nacional, 2017.

GOLEMAN, D. *Inteligência emocional.* Rio de Janeiro: Objetiva, 1996.

HILL, N. *A lei do triunfo*. Rio de Janeiro: José Olympio, 2015.

MOSS, R. *A mandala do ser*. Rio de Janeiro: QualityMark, 2008.

O'CONNOR, J. *Manual de programação neurolinguística*. Rio de Janeiro: QualityMark, 2003.

PENIM, A. T.; CATALÃO, J. A. *Ferramentas de coaching*. Lisboa: Lidel, 2013.

ROBBINS, T. *Desperte seu gigante interior*. Rio de Janeiro: BestSeller, 2014.

ROBLES, T. *Concerto para quatro cérebros em psicoterapia*. Belo Horizonte: Diamante, 2008.

SELIGMAN, M. E. P. *Florescer:* uma nova e visionária interpretação da felicidade e do bem-estar. Rio de Janeiro: Objetiva, 2011.

_____. *Felicidade autêntica*. Rio de Janeiro: Ponto de Leitura, 2003.

SHELDRAKE, R. *Uma nova ciência da vida*. São Paulo: Cultrix, 2016.

ANEXO A
FICHA DE CADASTRO DE COACHEE

Cadastro de coachee

DADOS PESSOAIS	
NOME	
DATA DE NASCIMENTO	TELEFONE FIXO E CELULAR
ENDEREÇO	
BAIRRO	
MUNICÍPIO	CEP
CPF	RG
E-MAIL	
INSTAGRAM	FACEBOOK
ESCOLARIDADE	FORMAÇÃO
PROFISSÃO	ESTADO CIVIL
TEM ALGUMA DOENÇA?	QUAL?
TOMA ALGUMA MEDICAÇÃO?	QUAL?

DADOS COMERCIAIS

NOME DA EMPRESA

RAMO

ENDEREÇO

CEP   TELEFONE

CARGO

SECRETÁRIA

DADOS COMPLEMENTARES

FORMA DE PAGAMENTO   À VISTA _____   PARCELADO _____

ANEXO B
CONTROLE DE SESSÃO
DE COACHING

Controle de sessões de coaching

COACH:

COACHEE:

PERIODICIDADE:

Sessão	Data	Assinatura
1		
2		
3		
4		
5		
6		
7		
8		
9		
10		

ANEXO C
AVALIAÇÃO DO PROCESSO DE COACHING

AVALIAÇÃO FINAL

AVALIAÇÃO DE PROCESSO DE COACHING
De 0 a 10 - Sendo 0 pouco satisfeito e 10 muito satisfeito

	0-10
1 - RECONHEÇO MINHAS HABILIDADES/TALENTO	
2 - RECONHEÇO MEUS VALORES	
3 - RECONHEÇO MINHAS CRENÇAS	
4 - ESTOU MAIS FOCADO NO QUE EU QUERO	
5 - CONHEÇO AS POSSIBILIDADES DO MERCADO	
6 - CONHEÇO OS CURSOS E UNIVERSIDADE DISPONÍVEIS	
7 - RECONHEÇO QUANDO EXISTEM INTERFERÊNCIAS EXT.	
8 - CONSIGO ME ORGANIZAR MELHOR	
9 - CONSIGO PLANEJAR COM MAIOR FACILIDADE	
10 - ESTOU TOMANDO DECISÕES MAIS CONSCIENTE	

AVALIAÇÃO DO COACH
De 0 a 10 - Sendo 0 pouco satisfeito e 10 muito satisfeito

	0-10
1 - COMPANHEIRO	
2 - ATUOU COM ÉTICA	
3 - AJUDOU A CLAREAR OS CAMINHOS	
4 - ENSINA COM FACILIDADE E CLAREZA	

Manual do coach de excelência

5 - CONHECE SOBRE O TEMA	
6 - CONTRIBUIU PARA O PROCESSO DE ESCOLHA	
7 - PACIENTE E COMPREENSIVO	
8 - MOTIVADOR	
9 - COMUNICA-SE COM CLAREZA E ASSERTIVIDADE	
10 - POSSUI METODOLOGIA DO TRABALHO	

AUTOAVALIAÇÃO DO COACHEE
De 0 a 10 - Sendo 0 pouco satisfeito e 10 muito satisfeito

	0-10
1 - ME DEDIQUEI EM TODAS TAREFAS	
2 - PESQUISEI	
3 - PLANEJEI BEM O MEU TEMPO	
4 - ACREDITEI NO PROCESSO	
5 - NÃO FALTEI NOS ENCONTROS	
6 - ESTAVA INTERESSADO	
7 - ESTAVA ATENTO NOS ENCONTROS	
8 - TIVE APRENDIZADOS	
9 - SINTO QUE POSSO SEGUIR SOZINHO	

ANEXO D
CÓDIGO DE ÉTICA DA INTERNATIONAL COACH FEDERATION (ICF)

PARTE I: DEFINIÇÕES

- **Coaching**: Coaching é um processo de acompanhamento reflexivo e criativo feito em parceria com os clientes, objetivando inspirá-los a maximizar o seu potencial pessoal e profissional.

- **Coach da ICF**: O coach da ICF compromete-se a praticar as Competências Essenciais da ICF e promete prestação de contas ao Código de Ética da ICF.

- **Relacionamento profissional de coaching**: Uma relação profissional de coaching existe quando esse processo de Coaching inclui um acordo (incluindo os contratos) que define as responsabilidades de cada parte.

- **Regras de um relacionamento de coaching**: Para esclarecer os papéis no relacionamento de coaching, muitas vezes é necessário fazer a distinção entre o cliente e o patrocinador. Na maioria dos casos, o cliente e patrocinador são a mesma pessoa e, portanto, são referidas em conjunto como o cliente. Para fins de identificação, no entanto, a ICF define estas funções como se segue:

- **Cliente**: O cliente/coachee é a pessoa que está recebendo coaching.

- **Patrocinador**: O "patrocinador" é a entidade (incluindo os seus representantes) que está pagando e/ou organizando a prestação dos serviços de coaching. Em todos os casos, os acordos de coaching devem estabelecer claramente os direitos, papéis e responsabilidades tanto para o cliente quanto para o patrocinador, caso cliente e patrocinador sejam pessoas diferentes.

- **Aluno**: O "estudante" é alguém matriculado em um programa de formação de coaches ou que trabalha com um supervisor de coaching ou coach mentor, a fim de aprender o processo de coaching ou para aprimorar e desenvolver suas habilidades de coaching.

- **Conflito de interesse**: É uma situação em que um coach tem um interesse privado ou pessoal, suficiente para dar a sensação de estar influenciando sobre o objetivo de suas obrigações oficiais como um coach e um profissional.

PARTE II: OS PADRÕES ICF DE CONDUTA ÉTICA

Seção 1: Conduta profissional como um todo
Como coach, eu prometo:

1. Conduta de acordo com o Código de Ética da ICF, em todas as interações, incluindo formação, mentoria e atividades de supervisão do coaching.

2. Tomar medidas adequadas como coach, ou coach mentor ou entrar em contato com a ICF para informar ou resolver qualquer violação ou possível violação ética assim que eu tomar conhecimento, estando envolvido ou não.

3. Comunicar e sensibilizar os demais, incluindo organizações, empregados, patrocinadores, coaches e outros, que possam ter necessidade de serem informados sobre as responsabilidades estabelecidas neste Código.

4. Abster-me de uma discriminação ilegal em atividades ocupacionais, incluindo idade, raça, orientação de gênero, etnia, orientação sexual, religião, origem nacional ou deficiência.

5. Fazer declarações verbais e escritas que sejam verdadeiras e precisas sobre o que eu ofereço como coach, a profissão de coaching ou sobre a ICF.

6. Identificar com precisão minhas qualificações, especialização, experiência, treinamento, certificações e credenciais ICF.

7. Reconhecer e honrar os esforços e contribuições de outros e só reivindicar a posse do meu próprio material. Eu entendo que violar esta norma

Anexo D

poderá deixar-me sujeito a recurso judicial por um terceiro.

8. Esforçar-me em todos os momentos para reconhecer meus problemas pessoais que possam prejudicar, **conflitar com** ou **interferir com** o meu desempenho de coaching ou meus relacionamentos profissionais de coaching. Procurarei imediatamente a assistência profissional relevante e determinar a ação a ser tomada, inclusive se é conveniente suspender ou terminar meu(s) relacionamento(s) de coaching sempre que os fatos e as circunstâncias exigirem.

9. Reconhecer que o Código de Ética se aplica ao meu relacionamento com clientes de coaching, coachees, estudantes, mentorados e supervisionados.

10. Realizar e relatar pesquisas com competência, honestidade e dentro de padrões científicos reconhecidos e diretrizes de disciplinas aplicáveis. Minha pesquisa será realizada com o consentimento e aprovação necessária dos envolvidos e com uma abordagem que irá proteger os participantes de qualquer dano potencial. Todos os esforços de pesquisa serão realizados de forma a estar em conformidade com todas as leis aplicáveis do país no qual a pesquisa será conduzida.

11. Manter, armazenar e eliminar todos os registros, incluindo arquivos e comunicações eletrônicas criados durante meus compromissos de coaching, de uma maneira que promova a confidencialidade, segurança e privacidade e em conformidade com todas as leis e acordos aplicáveis.

12. Utilizar as informações de contato dos membros da ICF (endereços de e-mail, números de telefone, e assim por diante) apenas na forma e na medida autorizada pela ICF.

Seção 2: Conflitos de interesse
Como coach, eu prometo:

1. Procurar ser consciente de qualquer conflito ou potencial conflito de interesses, divulgar abertamente qualquer conflito e me oferecer para eliminar quando surgir um conflito.

2. Clarificar os papéis para coaches internos, estabelecer limites e analisar com as partes interessadas conflitos de interesse que possam surgir entre coaching e outras funções relacionados.

3. Divulgar ao meu cliente e ao(s) patrocinador(es) toda compensação antecipada de terceiros que eu possa receber por referência de clientes ou pagar para receber clientes.

Seção 3: Conduta profissional com clientes
Como coach, eu prometo:

1. Eticamente falar o que eu sei que é verdade, para os clientes, potenciais clientes ou patrocinadores sobre o valor potencial do processo de coaching ou de mim mesmo como coach.

2. Explicar cuidadosamente e me esforçar para garantir que, antes ou durante a reunião inicial, o meu cliente de coaching e patrocinador(es) entendam a natureza do coaching, a natureza e os limites de confidencialidade, acordos financeiros e quaisquer outros termos do acordo de coaching.

3. Estabelecer um contrato de prestação de serviços de coaching claro com os meus clientes e patrocinador(es) antes de iniciar o relacionamento de coaching e honrar este acordo. O acordo deve incluir os papéis, responsabilidades e direitos de todas as partes envolvidas.

4. Manter a responsabilidade de ser consciente e estabelecer limites claros, apropriados e culturalmente sensíveis que governem as interações, físicas ou não, que eu possa ter com os meus clientes ou patrocinador(es).

5. Evitar qualquer relação sexual ou romântica com os clientes atuais ou patrocinador(es) ou estudantes, mentorados ou supervisionados. Além disso, estarei alerta para a possibilidade de qualquer intimidade sexual potencial entre as partes, incluindo o meu pessoal de apoio e/ou assistentes e tomar as medidas adequadas para resolver o problema ou cancelar o relacionamento, a fim de proporcionar um ambiente seguro em geral.

6. Respeitar o direito do cliente de terminar o relacionamento de coaching em qualquer momento durante o processo, sem prejuízo das disposições do acordo. Ficarei alerta para indicações de que pode haver alteração do valor recebido durante o relacionamento de coaching.

7. Estimular o cliente ou patrocinador para fazer uma mudança se eu acreditar que o cliente ou patrocinador seria melhor servido por outro coach ou por outro recurso e ainda sugerir a meu cliente procurar os serviços de outros profissionais quando julgar necessário ou apropriado.

Anexo D

Seção 4: Confidencialidade/privacidade
Como coach, eu prometo:

1. Manter os mais restritos níveis de confidencialidade das informações com todos os clientes e patrocinadores, a menos que a divulgação seja exigida por lei.

2. Ter um acordo claro sobre como as informações de coaching serão trocados entre coach, cliente e patrocinador.

3. Ter um acordo claro, quando atuando como um coach, coach mentor, coach supervisor ou instrutor, com o cliente e patrocinador, estudante, aprendiz, ou supervisionado sobre as condições em que a confidencialidade não pode ser mantida (por exemplo, a atividade ilegal, nos termos da ordem judicial ou intimação válida, risco iminente ou provável de perigo para si ou para outrem etc.) e verificar se o cliente e o patrocinador, estudante, aprendiz, ou supervisionado, voluntária e conscientemente concordarem por escrito com esse limite de confidencialidade. Onde eu razoavelmente entender, que em função de alguma das circunstâncias acima seja aplicável, eu preciso informar as autoridades competentes.

4. Exigir de todos aqueles que trabalham comigo que, em apoio dos meus clientes, façam adesão ao Código de Ética, Item 26, Seção 4, Padrões ICF de Confidencialidade e Privacidade, e demais seções do Código de Ética que possam ser aplicáveis.

Seção 5: Desenvolvimento contínuo
Como coach, eu prometo:

1. Comprometer-me com a necessidade de desenvolvimento contínuo e permanente das minhas competências profissionais.

PARTE III: O ICF JURAMENTO DE ÉTICA

Como um Coach ICF eu reconheço e concordo em honrar minhas obrigações éticas e legais com os meus clientes de coaching e patrocinadores, colegas e o público em geral. Comprometo-me a cumprir o Código de Ética da ICF e praticar estes padrões com aqueles a quem eu treinar, ensinar, fazer mentoria ou supervisionar.

Se eu violar este Compromisso de Ética ou qualquer parte do Código de Ética da ICF, concordo que a ICF, a seu exclusivo critério, pode considerar-me responsável

235

por fazê-lo. Eu também concordo que a minha responsabilidade perante a ICF por qualquer violação pode incluir sanções como a perda da minha condição de **Membro ICF** e/ou das minhas **Credenciais ICF**.

Para mais informações sobre o **Processo de Revisão de Conduta Ética**, por favor, envie um e-mail para **comitedeetica@icfbrasil.org**.

Aprovada pelo Conselho Global de ICF de Administração em junho 2015.

Índice remissivo

Acordo(s): 21, 36, 41, 54, 109, 129, 130, 131, 133, 134, 135, 161, 208, 231, 232, 233, 234, 235

Atitude(s): 37, 40, 41, 54, 73, 119, 139, 181, 193, 209

Autoconhecimento: 26, 37, 56, 66, 73, 76, 99, 111, 139, 140, 143, 149, 150, 151, 156, 157, 176, 178, 184, 189, 219

Campo mórfico: 83, 91

Cinco sessões: 65, 66, 68, 73, 139, 190

Coachable: 42, 116, 117, 118, 122, 123, 124

Comportamentos: 18, 43, 44, 45, 83, 106, 142, 145, 159, 160, 161, 162, 163, 164, 170, 204, 205, 206, 207, 208, 209

Crenças: 56, 70, 73, 76, 78, 111, 150, 155, 156, 157, 158, 159, 160, 161, 162, 164, 166, 168, 170, 171, 175, 176, 190, 191, 204, 205, 229

Efeito Frankenstein: 74

Estrutura lógica: 39, 54, 66, 88, 89, 90, 91, 96, 97, 108

Ética: 7, 13, 22, 54, 57, 83, 95, 96, 119, 129, 131, 133, 216, 229, 231, 232, 233, 235, 236

Habilidade(s): 31, 37, 38, 40, 41, 53, 54, 56, 73, 82, 84, 120, 121, 167, 175, 182, 193, 209, 229, 232

Mão na massa: 73, 76, 189, 191, 195

Meta(s): 22, 36, 42, 66, 73, 76, 77, 84, 87, 120, 121, 139, 140, 150, 156, 169, 175, 176, 177, 178, 179, 180, 81, 182, 184, 185, 189, 190, 191, 192, 193, 196, 201, 202, 203, 205, 206, 207, 208, 210, 212

Método Excelência em Coaching: 22, 27, 38, 39, 46, 48, 66, 69, 73, 74, 75, 76, 77, 81, 88, 89, 90, 96, 109, 152, 155, 175, 189, 191, 201, 221, 222

Mindset: 38, 69

Objetivo(s): 9, 14, 17, 22, 23, 24, 26, 36, 37, 38, 40, 41, 43, 44, 46, 53, 54, 56, 58, 73, 85, 86, 87, 104, 105, 106, 107, 109, 110, 116, 117, 118, 120, 121, 124, 140, 143, 144, 145, 149, 155, 157, 158, 159, 160, 165, 168, 169, 175, 176, 177, 178, 179, 180, 181, 182, 183, 189, 190, 192, 193, 194, 195, 203,

204, 205, 206, 208, 212, 216, 219, 232

Passo a passo: 10, 19, 22, 23, 24, 26, 27, 28, 45, 66, 74, 75, 76, 88, 89, 95, 96, 103, 108, 110, 119, 156, 161, 167, 168, 177, 190, 215

Pensamentos(s): 19, 43, 45, 81, 93, 145, 162, 167, 186, 203, 207, 208

Performance: 37, 42, 73, 164, 165, 170, 186, 216

Perguntas poderosas: 37, 56, 66, 67, 70, 84, 85, 86, 88, 90, 106, 183

Primeira etapa: 66, 73, 77, 99, 124, 139, 144, 181

Profissionalismo: 7, 13, 22, 24, 54, 96, 105, 129, 216, 221

Programação neurolinguística: 36, 38, 55, 168

Propósito(s):17, 19, 40, 120, 121, 156, 176, 184, 189, 202

Protocolo de Atendimento: 22, 38, 39, 48, 75, 95, 96, 97, 98, 202, 215, 217, 221, 222

Quarta etapa: 73, 77, 182, 191, 197

Quinta etapa: 74, 77, 92, 203

Rapport de alma: 37, 43, 45, 46, 55, 57, 59, 66, 81, 80, 83, 84, 88, 90, 91, 104, 105, 106, 109, 116, 117, 139, 159, 161

Roda: 99, 142, 143, 150, 177, 184, 193, 196, 197, 208, 209, 219

Sabotadores: 73, 76, 155, 171, 175, 191, 194

Segunda etapa: 73, 77, 124, 155, 171, 182, 189

Segurança: 26, 28, 38, 45, 54, 65, 75, 85, 95, 103, 105, 106, 129, 130, 141, 190, 221, 233

Senso de certeza: 73, 86, 155, 156, 160, 164, 165, 166, 172, 191

Sentimento(s): 43, 44, 106, 162, 207, 208

Ser luz: 5, 9, 11, 17, 21, 23, 24, 25, 39, 65, 92, 136, 216, 221, 222

Suavizadores: 88, 91

Tarefa(s): 41, 44, 56, 84, 104, 105, 106, 107, 109, 110, 111, 122, 130, 132, 134, 144, 145, 157, 163, 168, 170, 176, 191, 202, 216, 230

Terceira etapa: 73, 77, 121, 124, 175, 182, 185, 189, 190

Valores: 38, 56, 75, 99, 111, 144, 145, 146, 147, 148, 150, 152, 156, 159, 170, 176, 184, 204, 208, 209, 229

Voo da águia: 74, 76, 201

Contato com a autora:

csvasco@editoraevora.com.br

Este livro foi impresso pela BMF Gráfica em papel *Lux Cream* 70 g.